영혼의 파수꾼아, 깨우치라

영혼의 파수꾼아, 깨우치라!

저　　자 | 채미자
한양대학교 졸업
개신대학원 대학교 M.Div.Th.M
사단법인 기독대학인회 (ESF)대표 역임
현 한양 ESF 책임간사

초판발행 | 2006. 10. 25
발 행 처 | (사)기독대학인회출판부(ESP)
판　　권 | ESP. 2006
등록번호 | 제12-316호

주　　소 | 서울특별시 강북구 미아8동 317-8
전　　화 | 02)989-3477, 989-3476
팩　　스 | 02)989-3385
이 메 일 | esfpress@hanmail.net
값 | 3,500원

ISBN 89-89108-47-0+93230

영혼의 파수꾼아, 깨우치라!

에·스·겔·서·문·제·집

인자야 내가 너를
이스라엘 족속의 파숫군으로 세웠으니
너는 내 입의 말을 듣고
나를 대신하여
그들을 깨우치라
에스겔 3장 17절

Prologue

선지서는 보통 "어렵다" "난해하다" "심판밖에 없다" 등 부정적 시각이 많습니다. 그렇습니다. 선지서는 종말론적이어서 어려운 것이 사실입니다. 저도 마찬가지의 생각이었습니다. 그렇지만 누군가 선지서 문제지를 만들어야 성경을 전체적으로 이해할텐데 라는 선한 부담감은 늘 있었습니다. 그런데 기회가 주어졌습니다. 신학교에서 에스겔서 강의를 듣게 된 것입니다. 뿐만 아니라 일용할 양식도 에스겔서를 집필하게 되어서 이번 기회에 문제집을 만들게 되었습니다. 물론 어려운 대선지서를 선뜻 공부하는 것이 쉽지 않을 거라는 생각을 하면서도 진리를 포괄적으로 이해하고자 노력하는 분들을 위하여 도움이 될까하여 만들었습니다. 에스겔서를 연구하다 보면 난해한 부분을 발견하게 되지만 연구할수록 흥미진진하고 진리를 알아가는 재미에 푹 빠지게 될 것입니다.

선지자 에스겔의 말씀은 오늘을 사는 우리에게도 깊이 상고해 보아야만합니다. 에스겔서는 이스라엘의 포로기 즉 암흑기를 지날 때 외친 말씀입니다. 암흑기에 하나님의 영광의 비전을 보고 백성들을 향하여 처절한 외침을 선포한 말씀입니다. 우리의 시대는 듣고 싶은 것만 듣고, 자기의 원하는 것만 하는 시대풍조가 만연해 있습니다. 이러한 시대에 인기와 상관없이 당시 시대의 문제를 인식하고 바른 진리를 선포하기 위해 순교자적인 삶을 살았던 에스겔의 모습은 귀감이 됩니다. 또한 예나 지금이나 위안을 주는 주제만을 선택하여 현실을 옹호하여 착각하며 살도록 하는 거짓 선지자와는 다른 참 목자였음을 말해 줍니다.

"인자야 내가 너를 이스라엘 족속의 파숫군으로 세웠으니 너는 내 입의 말을 듣고 나를 대신하여 그들을 깨우치라"(겔 3:17)

에스겔 선지서는 여러분에게 바른 말을 들을 줄 아는 귀와 바른 말을 전할 줄 아는 입을 가르쳐 줄 것입니다. 물론 고난이 예상될 것입니다. 선지자들은 하나같이 하나님의 진리를 선포하다가 고난의 삶을 살았기 때문입니다. 고난을 싫어하는 우리에게는 그것이 두려움의 대상이 될 수 있습니다. 그러나 주의 영광 때문에 외쳐야합니다. 그리할 때 내가 살고, 이 시대도 살 수 있기 때문입니다.

끝으로 문제집을 어떻게 사용해야 즐겁고 유익한 시간이 될 것인지를 나누고자 합니다.
첫째. 본 에스겔서는 상징적 환상이 많습니다. 그래서 참으로 해석하기 어려운 책으로 이해하기가 쉽지 않습니다. 어떤 때는 바벨론과 예루살렘이 약 1천km 떨어져 있는데 현실과 초현실을 넘나들며 비전을 말씀하기도 하시며, 또한 심판을 말씀하시는 여호와 하나님의 모습은 쉽게 상상이 되지 않는 모습이기도 합니다. 에스겔에게 취하도록 명령하신 행동은 비인간적인 모습들로 보여지기도 합니다. 이러한 모든 점들은 포로기의 상황에서 빚어진 독특함임을 알고 공부해야 겠습니다.

둘째. 본 문제지는 본문에 충실하도록 되어 있습니다. 본문을 읽어도 어려운 부분들이 있을 수 있습니다. 그러나 인내심을 가지고 읽으면서 연구하는 자세를 가지면 보화를 깨닫는 기쁨이 클 것입니다. 문제집은 큰 주제를 따라 만들었기에 분량이 방대한 점이 있습니다. 그러나 요약 메시지가 있어 본문 이해에 도움을 줄 것입니다. 적용 문제는 중심 되는 주제를 생각해 보도록 하였습니다. 개인적으로 연구해도 좋겠지만 가능한 그룹으로 연구하면서 나누면 깨달음이 더할 수 있고, 준비된 선생님과 공부하면 많은 도움이 될 것입니다. 중요한 것은 성경을 공부하여 지식을 습득함도 중요하지만 더 중요한 것은 시대와 상황에 맞게 적용을 잘해야 합니다. 에스겔서 공부를 통해 시공간을 초월한 하나님의 뜻을 발견케 하실 것입니다. 더 나아가 정리하여 느낀 점을 기록하다보면 섬세한 주님의 음성을 듣고 주께서 원하는 삶을 살게 될 것입니다. 에스겔 선지자와 함께하셨던 그 성령님이 여러분과도 함께 하시길 바랍니다.

2006년 10월 행당동에서
채미자

Contents

머리말 ●4

목 차 ●6

에스겔서 소개 ●8

PART 1 에스겔의 소명 ●11

1. 에스겔에게 임하신 하나님(1:1~28) ●12

2. 영혼의 파수꾼으로 세우신 하나님(2:1~3:27) ●16

PART 2 예루살렘과 유다의 멸망에 대한 예언 ●21

3. 죄악을 담당하라(4:1~5:17) ●22

4. 나를 여호와인줄 알리라(6:1~7:27) ●26

5. 인자야 북편을 바라보라(8:1~9:11) ●30

6. 여호와의 영광이 떠나시다(10:1~11:25) ●34

7. 화있을진저, 우매한 선지자여(12:1~13:23) ●38

8. 포도나무 비유(14:1~15:8) ●42

9. 행음한 이스라엘(16:1~63) ●46

10. 개인의 책임(17:1~18:32) ●50

11. 이스라엘의 반역(19:1~20:44) ●54

12. 성 무너진 데를 막아설 사람(20:45~22:31) ●58

13. 에스겔 아내의 죽음(23:1~24:27) ●62

PART 3 열방에 대한 심판 ●67
14. 열방에 대한 심판(25:1~17, 28:20~26) ●68
15. 두로에 대한 심판(26:1~28:19) ●72
16. 애굽에 대한 심판(29:1~32:32) ●78

PART 4 이스라엘 회복에 대한 예언 ●83
17. 돌이키고 돌이키라(33:1~33) ●84
18. 참 목자(34:1~31) ●88
19. 새 언약의 백성(35:1~36:38) ●92
20. 마른 뼈들의 환상(37:1~28) ●96
21. 곡에 대한 하나님의 승리(38:1~39:29) ●100

PART 5 영원한 성전 ●105
22. 새 성전 I (40:1~49) ●106
23. 새 성전 II (41:1~42:20) ●112
24. 새 예배(43:1~44:31) ●116
25. 예배의 모범(45:1~46:24) ●120
26. 생명수가 흐르는 땅(47:1~48:35) ●124

에스겔서 소개

I. 저자 및 배경

저자는 에스겔이며 그 의미는 '하나님이 강하게 하신다' 입니다. 즉 동시대인들의 조롱과 반대에 대항할 수 있도록 그의 선지자를 '하나님은 굳게 한다'는 뜻입니다. 에스겔은 제사장 출신으로서(1:3) B.C.597년 남 유다 왕국이 바벨론의 침공을 받아 여호야긴 왕과 지도급 인사들이 2차 포로로 잡혀갔을 때 함께 잡혀갔습니다(왕하24:15). 그는 결혼하였으며(24:15~18), 노래를 잘 하는 자(33:32)였습니다. 바벨론 남쪽이자 북쪽의 유프라테스강의 한 수로인 그발강가 델아빕의 유대인 식민지역에 거주하였고, 하나님의 선지자로 30세에 부르심을 받고(1:1), 유배상태에서 포로된 동족을 위하여 선지자, 즉 파수꾼으로 여호와를 섬겼습니다(3:17).

〈에스겔 시대의 연대기〉

주전 722년
: 북이스라엘이 앗수르에 멸망함.
주전 605년
: 바벨론 1차포로-다니엘과 그 친구들, 엘리야 김.
주전 597년
: 바벨론 2차포로-에스겔과 1만 명 이상, 여호야긴.
주전 586년
: 바벨론 3차포로-남유다의 멸망. 성전파괴.

■ 연대표 ■

B.C.	
722년	· 사마리아 멸망
612년	· 니느웨 멸망
605년 00	· 갈그미스 전쟁 · 바벨론의 1차 유다 침공 (다니엘 포로됨)
597년	· 바벨론의 2차 유다 침공 (에스겔 포로됨)
593년	· 에스겔의 소명과 사역
588년	· 바벨론의 3차 유다 침공
586년	· 예루살렘 함락 (4월 9일)
580년	· 다니엘의 풀무불
573년	· 성지 회복에 대한 에스겔의 환상 (40:1-48:35)
570년	· 에스겔의 사역 종결
539년	· 고레스의 바벨론 점령

〈유다 말기의 왕들〉

여호아하스(살룸) -17대 왕으로 3개월 통치함(왕하 23:31~33).
여호야김(엘리야 김) -19대 왕으로 11년 통치함(왕하 23:34~24:5).
여호야긴 -19대 왕으로 3개월 통치함(왕하 24:6~16).
시드기야(맛다니야) -20대 마지막 왕으로 11년 통치함(24:17~25:7).

II. 주 제

에스겔서는 대선지서(이사야, 예레미야, 다니엘) 중의 하나로서 예루살렘이 멸망당하고 포로로 잡혀 간 유다 민족을 올바르게 고치고, 그들을 배도의 길에서 돌이키기 위하여 행하신 것임을 말씀하며, 심판에서 회복될 것도 말씀해 주십니다. 또한 포로로 잡혀 간 타국에서 신속한 귀환만을 소망하며 겨우 생계를 유지하는 것에 지쳐가는 유다 백성들에게 용기를 불어 넣고 격려하며 하나님께 돌아오도록 촉구합니다. 에스겔은 영광 가운데 예루살렘에 새로운 성전을 일으킬 것도 예언하며, 회개하고 하나님께 돌아오는 자는 여호와께서 회복시키실 것도 예언합니다. 회복은 하나님이 새 영을 부어 주심으로만 가능합니다. 하나님의 영은 마른 뼈와 같이 소망 없는 이스라엘과 함께 하여 자신의 피조물을 새롭게 하고, 생기를 불어 넣어 변화시키시며, 구원을 주시는 역동적인 분으로 계시되어 있습니다. 회복과 갱신의 예언인 것입니다.

III. 내용 구분

1장~3장 에스겔의 소명
4장~24장 예루살렘과 유다의 멸망에 대한 예언
25장~32장 열방에 대한 심판
33장~39장 이스라엘 회복에 대한 예언
40장~48장 영원한 성전

IV. 선지서의 일반적 이해

하나님은 선지자들에게 하나님의 웅대한 계획을 볼 수 있는 창을 열어 주셨습니다. 또한 시공간 안에서 하나님의 말씀을 전하도록 성령의 권능을 입은 자들로 때에 따라 말씀하여 주셨습니다. 특히 포로기에는 황폐하고 과도기적인 상태였지만 선지자들은 하나님의 종으로 하나님의 왕국을 충성스럽게 열망하였으며 그들이 들을 바를 상징적으로 공포하면서 활동하였습니다.

* 선지자의 역할 - 참된 하나님의 대언자로 여호와를 대신하여 주의 신탁을 말함.
* 선지자의 메시지 - 당시의 상황, 백성들의 필요, 계시의 내용에 따라 달랐지만 대체적으로 하나님의 심판의 실재와 과격성을 알림.

V. 공부 목적

지금시대는 질책의 메시지보다는 듣기 좋고 쉬운 사랑의 메시지를 더 선호합니다. 그러하기에 하나님의 종들도 하나님의 메시지를 전하기보다는 그들의 필요에 민감하게 반응해서 사람들에게 거짓된 위안과 기복신앙으로 격려하기만 할뿐 참다운 해결책을 제시하지 못하는 현실입니다. 우리에게는 이 시대에 죄악을 깨우치고 바르게 살도록 외치는 선지자적인 삶이 절실히 요구됩니다. 에스겔은 포로기 시대의 파수꾼으로 하나님이 싫어하시는 죄를 인식하고 온 몸으로 하나님을 증거하는 삶을 살았습니다. 특히 사랑하는 아내의 죽음 앞에서도 슬픔을 표현하지 못하는 모습은 선지자로서의 고통이 얼마나 컸을 것인가를 생각하게 합니다. 우리도 에스겔서를 공부하면서 에스겔처럼 시대의 파수꾼으로서 역할을 감당할 수 있기를 바랍니다. 또한 어떠한 희생이 요구된다할지라도 하나님의 진리를 바로 증거하고자 결단하므로 하나님을 기쁘시게 할 수 있기길 바랍니다.

part 1 에스겔의 소명

이 자손은 얼굴이 뻔뻔하고 마음이 강퍅한 자니라 내가 너를 그들에게 보내노니 너는 그들에게 이르기를 주 여호와의 말씀이 이러하시다 하라 (에스겔 2:4)

제 1 과

에스겔에게 임하신 하나님

말씀 / 에스겔 1:1~28
요절 / "갈대아 땅 그발 강가에서 여호와의 말씀이 부시의 아들 제사장 나 에스겔에게 특별히 임하고 여호와의 권능이 내 위에 있으니라"(3절)

● 들어가는 말

하나님은 에스겔을 선지자로 세우시면서 하나님의 크신 거룩함과 놀라운 권능을 보여주십니다. 본문은 사람들이 현실 상황에 절망할지라도 하나님은 언제나 소망을 제시하시는 분이심을 말씀해 주십니다. 에스겔이 본 비전을 살펴봅시다.

● 본문 살피기

1. 바벨론 땅에 포로 된 에스겔의 상황과 임하시는 하나님의 모습이 어떠합니까(1~3절)?

*갈대아 땅 그발 강가(3절): 유프라테스 강에서부터 흐르도록 연결된 거대한 인공 수로(운하).

2. 에스겔이 본 환상이 어떠합니까(4절)?

*북방에서 오는 폭풍은 바벨론 침략으로 인한 심판을 의미함.
*단쇠란 금과 은의 혼합물로 된 철물.

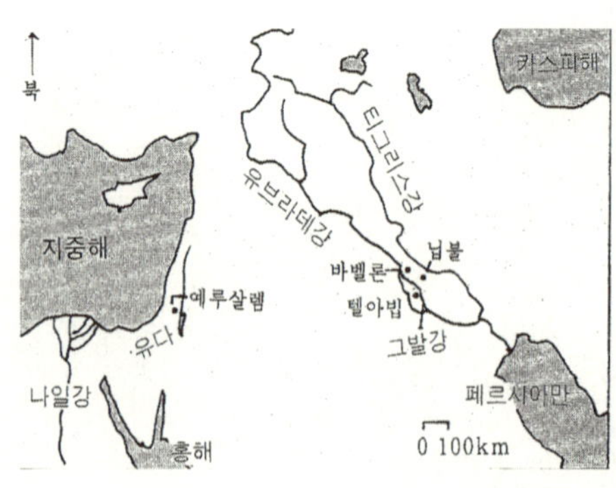

3. 불 가운데서 나온 네 생물의 형상을 살펴보시오(5~14절). 생물의 형상을 대략 10가지 모습으로 나눌 수 있습니다. 특히 네 얼굴의 모습을 말해 보시오(10절).

*사람의 형상을 가지고 있고(5절), 날개가 있고(6절), 다리는 곧고(7절), 사람의 손이 있고(8절), 행할 때는 곧게 가고(9,12절), 두 날개는 몸을 가리웠고(11절), 신을 따라 움직이고(12절), 모습은 번쩍이며(7,13절), 움직임은 번개같이 빠르고(14절), 날개는 큰 소리를 냄(24절).

*사람은 피조물의 대표, 사자는 들짐승의 왕, 소는 가축의 왕, 독수리는 새들의 왕임.

4. 생물에 달린 네 바퀴의 모습은 어떠합니까(15~21절)?

*네 얼굴을 따라 하나씩 있고(15절), 무서우며 눈이 가득하고(18절), 생물이 움직일 때 바퀴들도 같이 움직임(19~21절). 바퀴는 병거의 일부임. 여호와가 그 백성을 심판하기 위하여 그의 전투 병거를 타고 오는 것임.

5. 궁창의 모습은 어떠합니까(22~25절)?

*궁창은 단으로 보는 것이 적절하며, 네 생물위에 있는 단은 하나님의 보좌를 바치고 있고, 생물들이 움직일 때 많은 물소리와 음성, 소란한 군대 소리 같은 날개 소리가 남.

6. 보좌 위에 있는 한 사람의 형상이 어떠합니까(26~28절)? 이 모습을 본 에스겔의 반응이 어떠하였습니까(28절,사6:5)?

*사람의 모양을 가지고(26절), 허리 위는 단쇠 같고, 허리 이하도 불같은 광채가 나서 무지개 같이(27~28절) 여호와 영광의 모습을 함.

● 요약 메시지

I. 여호와의 권능이 임하였습니다.

하나님의 백성이 온갖 죄악으로 타락할 때 하나님은 심판하십니다. 바벨론은 유다 백성을 심판하는 도구가 되어 유다를 정복합니다. 에스겔은 바벨론 2차 침공(BC597) 시에 포로로 끌려가 그발 강가에서 생소한 바벨론 문화에 적응하며 자신의 고향이 그리워 눈물지으며 소망 없이 살고 있었습니다(시 137:1). 에스겔의 나이 30세, 포로로 사로잡힌 지 5년, 자신들이 저질렀던 죄악을 생각하고 향수에 젖어 있을 때, 그때 하나님께서는 그들에게 사랑의 손길을 내미셨습니다. 죄악 중에도 버리지 않으시고 하나님의 영광스런 모습으로 임하셔서 용기와 위로를 주셨습니다. 순전한 하나님의 직접적인 개입으로 이루어진 것 입니다. 이것은 절망의 상황에서도 하나님의 사람은 낙심할 이유가 없음을 말해줍니다. 당신도 불순종을 회개하고 성령의 음성을 듣고자 귀 기울이면 하나님의 손길을 느끼게 될 것 입니다.

II. 여호와 영광을 보았습니다.

하나님은 에스겔에게 임하시고 환상을 보여 주십니다. 선지자로서 사명을 감당하도록 하십니다. 오늘날도 하나님은 동일하게 역사하십니다. 주의 일꾼으로 쓰시기 전에 은혜를 주십니다. 에스겔이 본 환상은 네 생물의 모양과 활동들로서 하나님을 호위하고 수종드는 모습입니다. 네 바퀴의 구조와 그 활동들은 만유의 대 주재이신 하나님의 현현을 암시합니다. 궁창은 하나님의 보좌를 받치고 있는 모습입니다. 단 위에 있는 영광의 모습은 사람의 모양을 하고 있었습니다. 이 환상은 하나님의 거룩하심과 위엄의 모습을 보여 줍니다. 에스겔은 그 찬란하고 영광된 모습을 보는 순간, 감히 쳐다볼 수가 없어 땅에 엎드려 그의 음성을 들었습니다. 장차 예수 그리스도 안에서 나타날 영광스러움을 예시한 것입니다.

"말씀이 육신이 되어 우리 가운데 거하시매 우리가 그 영광을 보니 아버지의 독생자의 영광이요 은혜와 진리가 충만하더라"(요 1:14).

● 적용하기

1. 소망이 보이지 않는 포로 생활에서 에스겔이 만났던 하나님을 당신은 언제, 어떻게 만났는지 나누어 보시오.

2. 혹시 근래 성령의 임재하심을 느끼지 못한다면 그 이유가 무엇 때문인지 생각해 보시오. 하나님은 슬플 때나 기쁠 때나 언제나 함께 하십니다. 문제는 당신의 마음입니다.

● 느낀 점 기록하기

제 2 과

영혼의 파수꾼으로 세우신 하나님

말씀 / 에스겔 2:1~3:27

요절 / "인자야 내가 너를 이스라엘 족속의 파숫군으로 세웠으니 너는 내 입의 말을 듣고 나를 대신하여 그들을 깨우치라" (3:17)

● 들어가는 말

연약한 에스겔에게 하나님은 그 위엄을 보여주시고 이스라엘 영혼의 파수꾼으로 세우십니다. 지금도 동일하게 하나님은 일꾼을 세우십니다. 파수꾼으로 살고자 할 때 도와주시는 성령님의 역사와 우리들의 태도를 살펴봅시다.

● 본문 살피기

1. 하나님께서 에스겔 이름 대신에 쓰는 호칭이 무엇입니까? (2:1,3,6,8,3:1,3,4,10,17,25)? 그 의미가 무엇입니까? 에스겔을 누가 세우십니까(2절)?

*인자야(1절): 에스겔 이름 대신 인자라 부름. 에스겔서에서 무려 93번 사용함.

*그 신이 내게 임하사(2절): 하나님의 신 곧 성령을 지칭함.

2. 에스겔이 사명을 감당해야 할 대상은 어떠한 사람들입니까(3~7절,3:4~9)? 어떻게 격려하십니까(6~7절, 3:10~11)?

*패역한 백성(3,5~8절): 불쾌하게 할 정도로 거역하고 배신하는 행위를 강조함.

*전갈(6절): 절지동물로 가재와 비슷하며 몸길이가 6cm 가량. 사막지대에 많으며 꼬리에 독침이 있음.

3. 하나님은 에스겔에게 어떠한 준비를 시키십니까(8~10절, 3:1~3)?

*하나님의 말씀을 먹을 때 즉 하나님의 뜻에 순종해 보니 달콤하다는 것을 앎.

4. 주의 성령이 에스겔을 어떻게 합니까(12~14절)? 에스겔이 그발 강가 델아빕에서 번뇌 가운데 준비한 것이 무엇입니까(15절)?

*주의 성령이(12,14절)환상도 보여 주시고 감동도 주시고 강하게 하시기도 함.

*민답히(15절): 전율을 느끼고 번뇌하며. '얼이 빠진 사람 처럼' 이란 의미.

5. 하나님께서 에스겔을 어떻게 세우십니까(16~17절)? 그가 경고해야할 악인(18~19절)과 의인(20~21절)의 모습과 책임에 대하여 말해 보시오.

*파숫군(17절): 망대에서 성읍을 지키는 보초.

6. 주의 성령이 어떻게 역사하십니까(22~25절)? 사명을 감당하는 자세가 어떠해야 합니까(26~27절)?

*너로 벙어리 되어(26절): 에스겔서에 3번나옴. 두 번째는 아내의 죽음 후(24:27), 세 번째는 예루살렘 멸망 소식 후(33:21~22).

● 요약 메시지

I. 반역하는 백성에게 보내십니다.

에스겔은 하나님의 메신저로, 파수꾼으로 보내심을 받습니다. 성령에 의해 섬세하게 보냄을 받습니다. 그의 사명은 깨우치는 것입니다. 백성들의 죄악을 경책하고 하나님의 심판과 구원의 소식을 전해주는 역할입니다. 그가 사역해야할 대상은 심히 강퍅하고 패역한 동족들이며 조금도 뉘우침 없는 금강석처럼 뻔뻔한 자들입니다. 에스겔은 사명을 감당하다가 받을비난과 조소와 핍박을 예상해야 했습니다. 이처럼 우리가 복음을 들고 세상에 나아갈 상대는 만만치 않습니다. 완악하고 강퍅한 자들이 대부분입니다. 그러함에도 주의 일꾼은 듣든지 아니 듣든지 반응에 상관없이 사명을 감당해야 합니다. 백성들이 어떻게 반응하느냐에 대해서는 책임이 없습니다. 성령님을 의지하여 두려워하지 말고 파수꾼으로 책임을 감당하면 됩니다. 사명인의 삶은 고달프지만 이것이 하나님이 주신 은혜입니다. 사명을 다하지 못하면 훗날 하나님으로부터 책임을 추궁당하게 됩니다.

II. 에스겔을 준비시키십니다.

사명인이 일하는 곳은 죄악 세상이며 죄악과 더불어 싸우는 것이 신명인의 일입니다. 주의 일꾼도 사람이어서 강퍅한 사람들을 만나면 마음이 힘들어지기 쉽습니다. 하나님은 이러한 사실을 아시고 두려워하지 말 것을 강조할 뿐만 아니라 주의 말씀이 기록된 두루마리 책을 먹으라고 하십니다. 하나님의 말씀이 있으면 어떠한 상황도 이겨낼 수 있으며, 전할 수 있기 때문입니다. 말씀을 생명처럼 여기고, 깊이 사랑하며, 완전히 자기의 것으로 소화할 수 있다면 어떠한 것도 문제가 되지 않습니다. 단순히 지식적으로 말씀을 듣고 보는 차원에 머물러서는 세상의 시험을 이길 수없습니다. 사람들은 심판과 징계의 메시지를 듣기를 싫어하며 달콤한 말을 듣기 원합니다. 그러나 사람들의 요구가 어떠하든 가감 없이 하나님의 말씀을 증거 하는 자가 하나님의 종입니다. 두루마리 에 적혀 있는 내용이 '애가와 애곡과 재앙'의 심판의 메시지 일지라도 담대히 증거할수 있는 여러분이 되시길 바랍니다.

적용하기

1. 영혼의 파수꾼으로 살면서 가장 고통스러운 경험은 어떠한 때였는지 나누어 봅시다.

2. 파수꾼의 삶에 어려움은 많습니다. 그렇지만 성령님의 도우심과 말씀의 공급으로 능히 이겨낼 수 있습니다. 당신은 요즈음 말씀과 기도를 통하여 어떠한 격려를 받고 있습니까?

느낀 점 기록하기

—

인자야 내가 너를
이스라엘 족속의 파숫군으로 세웠으니
너는 내 입의 말을 듣고
나를 대신하여
그들을 깨우치라
에스겔 3장 17절

—

part 2 예루살렘과 유다의 멸망에 대한 예언

너 인자야 주여호와 내가 이스라엘 땅에 대하여 말하노라. 끝났도다. 이 땅 사방의 일이 끝났도다 (에스겔 7:2)

제 3 과

죄악을 담당하라

말씀 / 에스겔 4:1~5:17
요절 / "그 수가 차거든 너는 우편으로 누워 유다 족속의 죄악을 담당하라 내가 네게 사십일로 정하였나니 일일이 일 년이니라" (4:6)

● 들어가는 말

하나님은 에스겔에게 장래의 심판을 알리기 위하여 3가지 상징적인 행동을 하게 하십니다. 인생에서 은혜를 받아 누리는 것이 축복이지만 또한 그 은혜에 합당한 삶을 살아가지 않으면 심판도 있음을 기억해야 합니다.

● 본문 살피기

1. 바벨론 군대에 포위될 것을 어떻게 상징적으로 보여 주고 있습니까(1~3절)?

*박석(1절): 부드러운 진흙으로 만든 벽돌. 흙벽돌.
*운제(2절): 성벽을 공격하기 위하여 제작된 바퀴 달린 사다리.
*토둔: 포위 된 성읍을 효과적으로 공격하기 위해 쌓은 둔덕. 흙 언덕.
*공성퇴: 성을 함락하기 위한 성벽 파괴용 망치.
*전철(3절): 빵을 구울 때 사용하던 철판. 뚫을 수 없는 철판을 장벽으로 놓음.

2. 죄악을 담당하기 위해 에스겔에게 상징적으로 어떠한 행동을 요구하십니까(4~8절)?

*좌편으로 390일을, 우편으로 40일을 누워 지내라 함. 그 의미는 390년은 북국 이스라엘이 여로보암 왕 때부터 범죄한 기간을 말하며, 40년은 남쪽 유다가 말엽에 범죄한 기간을 상징함.

3. 바벨론 군대의 포위로 겪게 될 심각한 기근의 참상을 상징적으로 어떻게 보여 주라고 말씀하십니까(9~17절)? 에스겔의 반응은 어떠합니까(14절)?

*밀, 보리, 콩, 팥, 조, 귀리 등 혼합한 부정한 음식을 최소한의 식량으로 취하도록 함. 1세겔은 11g이며, 물의 양도 1/6힌은 0.6리터 정도임. 이것도 근심(경겁)과 두려움(민답)으로 먹어야 했음.

4. 에스겔에게 머리털과 수염을 깎아 어떻게 처분하라고 하십니까(5:1~2)? 이 행동은 무엇을 상징하는지 생각해 보시오. 특히 남은 자의 소망을 어떻게 보여 줍니까(3~4절)?

*털의 삼분지 일씩 불사르고 칼로 치고 바람에 흩으라는 것은 여러 가지 심판을 당하게 될 것을 상징함. 그래도 그 털의 얼마를 옷자락에 싼 것은 심판 가운데도 남은 자가 있을 것을 의미함.

5. 유대 민족을 심판하는 이유가 무엇입니까(5~7절)?

6. 심판의 정도가 어떠합니까(8~17절)?
*괴이한 것(15절): 놀랄 만한 것.

● 요약 메시지

I. 은혜를 무시하면 심판을 받습니다.

이스라엘 백성이 하나님의 규례와 율법을 수여받은 것은 이방인들의 본이 되고 빛이 되어서 그들을 주께 인도하도록 하기 위함입니다. 그런데 유다 백성들은 율법 없는 이방인보다 더 크고 가증하고 악한 죄악을 자행했으며 회개의 메시지를 외면하고 멸시하여 스스로 하나님의 진노를 초래한 것입니다. 하나님은 에스겔에게 털을 깎는 상징적 행동으로 심판을 보여 줍니다. 제사장이 그와 같이 머리를 깎는 것은 금지되었습니다(레 21:5). 이것은 극도의 불명예와 치욕을 의미한다고 볼 수 있습니다. 또한 깎은 털의 3분의 1씩 나누어 불사르거나 칼로 자르거나 바람에 흩날리라고 명한 것은 장차 성 안에서 극심한 기근과 전염병으로 비참하게 죽고, 성 함락 시 도망치다가 붙들려 칼에 살육당하고, 나머지는 전쟁 포로가 되어 먼 땅으로 끌려가 사방으로 흩어지는 유다의 운명을 보여준 것입니다. 은혜 받은 자는 은혜에 합당한 삶을 살아야 합니다. 그렇지 않으면 멸망을 초래합니다.

II. 하나님의 심판은 엄정합니다.

그 당시 백성들은 정상적인 방법으로 메시지를 증거하면 받아들이지를 않았습니다. 그 만큼 완악하고 강퍅한 상태였습니다. 하나님은 시청각적으로 의미를 전달하고자 했습니다. 그래서 이스라엘의 죄악을 담당하는 의미에서 하루가 일년이라고 설명하시며 좌편으로 390일, 우편으로 40일을 눕는 등 그들의 죄악이 심판 받을 것을 강조하십니다. 또한 누워있는 동안 열악하고 부정한 방법으로 요리한 음식물과 아주 소량의 물만을 먹도록 명령하십니다. 부정한 음식조차 여유롭게 먹을 수 없는 것입니다. 이 처참한 상황은 바벨론 군대의 포위로 고립되어 심각한 기근과 처절한 살육을 겪게 될 것을 보여주는 예언적 행동입니다. 하나님의 공의 앞에 악인이 설 수가 없습니다. 심판 날엔 후회해도 이미 소용이 없습니다. 회개하지 않는다면 대가를 치르게 될 것입니다.

적용하기

1. 죄악에는 반드시 심판이 뒤따릅니다. 당신은 혹시 하나님의 은혜를 덧입고도 이방인들보다 못한 삶을 살고 있는 부분이 있는지 나누어 보시오.

2. 에스겔 시대의 표징들이 하나님의 메시지를 반영하듯 요즈음 일어나는 사건들을 나누어 보고, 이 사건들을 통하여 당신은 어떠한 하나님의 음성을 듣고 있는지 이야기해 보시오.

느낀 점 기록하기

제 4 과

나를 여호와인줄 알리라

말씀 / 에스겔 6:1~7:27

요절 / "그 때에야 그들이 나를 여호와인줄 알리라 내가 이런 재앙을 그들에게 내리겠다 한 말이 헛되지 아니하니라" (6:10)

● 들어가는 말

하나님은 공의로우셔서 죄악을 심판하십니다. 그러나 심판의 궁극적인 목적은 멸망이 아니라 구원의 하나님께 나아가도록 함에 있습니다. 하나님은 사랑이시기 때문에 죄악에서 돌이키면 하나님의 긍휼을 덧입을 수 있습니다.

● 본문 살피기

1. 이스라엘의 죄는 무엇입니까(1~6절)?

*이스라엘 산(2절): 이 표현은 바벨론 평지와 구분하는 의미로 이스라엘을 가르침.

*산당(3절): 사무엘시대에 사무엘이 사울을 왕으로 세울 때 산당에 올라감(삼상9:14). 처음에는 부정적인 뜻이 없었으나 후에 가나안 의식과 연관되어 우상숭배의 장소로 부정적으로 사용됨.

2. 심판의 목적은 무엇입니까(6:7,10,13,14)?

*여호와인식공식(the recognition formula)으로 에스겔서에 72번 나옴. 하나님은 심판을 행하시지만 그의 동기는 구원이며 언약을 이루시는 신실하신 분임.

3. 하나님의 심판은 어떠하며(11~14절) 진노 중에도 어떻게 긍휼을 나타내십니까(8~10절)?

*손뼉을 치며 발을 구른다는 것은 심판에 대해 탄식적인 행동을 의미하며, 살아남은 자들도 한탄하며 죄악을 싫어하고 혐오하는 태도를 가짐(9절).

4. 심판의 임박성을 어떻게 강조하고 있습니까(7:1~10)?

*국문하고(3절): 심판한다는 의미.

*몽둥이가 꽃피며(10절): 몽둥이는 심판의 도구를 가르침. 꽃피다는 오랫동안 참아온 것이 속히 임한다는 의미임.

5. 하나님은 오래도록 참으시다가 마침내 범죄한 유다를 징치하기 위해 몽둥이를 드셨습니다. 이들의 멸망의 정도가 어떠합니까(11~19절)?

*오예물(19절): 매우 역겹고 더러운 물건. 쓰레기.

6. 심판 날에 종교적인 영역까지 어떻게 영향을 미칩니까(20~27절)?

● 요약 메시지

I. 우상숭배를 심판하십니다.

하나님은 이스라엘을 출애굽 시키시고 약속한 가나안 땅에 새로운 나라를 건설하여 거룩한 백성으로 삼으셨습니다. 그러나 이들은 하나님의 기대와는 달리 가나안 원주민들이 섬기는 우상에 관심을 가지고 심취했습니다. 특히 아합과 므낫세 때에는 이방 우상들이 물밀듯이 수입되어 전국토의 크고 작은 산 모두에 우상숭배 지를 만들었습니다. 하나님은 한동안 침묵하시며 심판을 유보하셨습니다. 이 침묵은 하나님께서 죄를 용납하시거나 힘이 없어서가 아니라 단지 죄인들을 향해 길이 참으심으로 회개하고 돌아오도록 하기 위함이었습니다. 그러나 시간이 흘러도 가증스러운 행동들이 변함이 없자 하나님은 "끝이 났도다 끝이 났도다"고 선포하십니다. 몽둥이에 꽃이 피듯 유다의 교만이 심판을 재촉하였음을 알립니다. 거룩한 분노의 칼을 빼도록 한 것입니다. 백성들의 시체가 제단 사방에 있을 것입니다. 이들은 심판을 통과하고서야 하나님만이 유일하신 여호와인 줄을 체험적으로 전인격적으로 알게 됩니다. 파멸을 당하고서야 비로소 깨닫는 강퍅한 인간은 어리석기 그지없습니다. 매를 맞기 전에 돌이켜야겠습니다.

II. 은금이 쓸데없습니다.

유다 백성들은 세상 재물을 의지하였습니다. 세상의 금은으로 화려하게 우상을 만들고 섬겼습니다. 화려하게 만들어진 우상이 자신들을 보호하고 복을 베풀어 줄줄 생각했습니다. 그러나 환난 날에 이런 것들이 아무런 소용도 없고 쓰레기처럼 버려졌습니다. 외인들에게 노략당하고 약탈당할 뿐만 아니라 우상을 섬긴 죄악으로 큰 수치를 당하고 멸망을 초래하게 됩니다. 그날에 재물은 몰수당하고 토지주인은 자기 땅을 떠나 바벨론으로 끌려갈 것이니 모든 재산과 재물이 무가치하게 됩니다. 그리스도인이 명심해야할 것은 세상 재물을 의지하고 형식적인 종교생활에 심취해 있다면 수치를 당할 날이 멀지 않다는 것입니다. 그날에는 세상의 은금이 쓸데없습니다. 임박한 심판을 준비하고 살아가십시오.

적용하기

1. 하나님은 분명히 심판하십니다. 당신이 심판받기 전에 돌이켜야할 일이 무엇입니까?

2. 당신은 심판의 메시지가 먼 이야기로 들리십니까? 아니면 임박한 메시지로 받아들여 집니까? 세상 재물에 집착하면 하늘나라의 소망이 아주 멀리 들린다는 사실을 기억 하시길 바랍니다.

느낀 점 기록하기

제 5 과

인자야 북편을 바라보라

말씀 / 에스겔 8:1~9:11

요절 / "그가 내게 이르시되 인자야 이제 너는 눈을 들어 북편을 바라보라 하시기로 내가 눈을 들어 북편을 바라보니 제단 문어귀 북편에 그 투기의 우상이 있더라" (8:5)

● 들어가는 말

하나님은 사랑이시지만 공의로운 분이십니다. 그리하여 하나님이 싫어하시고 가증이 여기는 죄악을 고집스럽게 행하면 하나님은 진노하십니다. 심판의 원리를 생각해 보면서 시대를 향한 상한 심정을 가지고 중보의 사명을 다하는 성숙한 그리스도인이 되길 바랍니다.

● 본문 살피기

1. 에스겔이 하나님의 계시를 받는 모습을 이야기 해 보시오(1~4절).

*제 육년 유월 오일은 여호야 긴이 바벨론에 포로 되어온 지 6년째 되던 해로(B.C.592) 에스겔이 부름을 받고 환상을 본때로부터(1:2) 14개월 되던 해. 불같은 형상 즉 칠십인 역에는 "보라 인자의 형상"이라고 되어 있음. 전체 구조를 볼 때 인자 같은 형상이 더 적절함(1:26~28). 성령께서 환상 가운데 예루살렘 북향 문에 이르게 함.

*모숨(3절): 한 줌 손안에 드는 길다란 물건의 수량.

2. 거룩한 성전에서 행해지는 4가지 가증스런 행위들에 대한 환상을 이야기 해 보시오(5~16절).

*처음 본 것은 투기의 우상(5~6절)이며, 두 번째는 장로들의 은밀한 우상숭배(7~12절)이며, 세 번째는 담무스를 위해 애곡하는 여인들(13~15절)이며, 마지막은 태양숭배(16절)를 하는 자들임.

*담무스(14절): 바벨론과 지중해 일대에 널리 숭배되던 자연 신 혹은 곡물의 신.

3. 유다 백성의 영적 타락과 부패를 목도한 하나님의 결심이 어떠합니까 (17~18절)?

*나무 가지를 그 코에 두었느니라(17절): 근동지방에서 행하던 우상숭배 모습.

4. 유다 백성을 징벌하기 위해 동원된 자들은 어떠한 자들인지 살펴보시오 (9:1~2)?

*가는 베옷(2절): 제사장이(출28:29~42)나 하늘의 천사들(단10:5)이 착용하는 의복임을 볼 때 하나님을 직접적으로 봉사하는 사람으로 7명이었음.

5. 가는 베옷을 입은 자에게 어떠한 특별지시를 내리십니까(3~6절)? 하나님의 심판원리를 말해 보시오.

*허리에 서기관의 먹 그릇을 찬 사람(3절): 애굽의 서기관들로 갈대로 만든 펜과 먹물 병을 끈으로 매어 허리에 묶고 다님.

*이마에 표하라(4절): "표"라는 단어는 히브리 알파벳 중 마지막 글자인 "타브"로서 옛날에는 십자가 형태의 글자였다 함. 끝까지 신앙을 지킨 신실한 자들에게 주어진 선택의 표시.

6. 성소 안에서 심판이 실행됨을 보고 에스겔은 어떻게 안타까움을 토로합니까(7~10절)?

● 요약 메시지

I. 가증스런 행위를 보았습니다.

시대의 타락상을 극명하게 보여주는 부분이 종교적인 영역입니다. 어느 시대를 막론하고 종교는 그 시대의 보루로 양심을 일깨우는 역할을 해왔습니다. 유다 타락의 극치는 거룩한 성전에서 행해지고 있었습니다. 외적인 화려함과 웅장함, 날마다 행해지는 거룩한 예배를 통하여서는 알 수가 없습니다. 하나님은 에스겔을 이상 중에 들어 올리셔서 성전 실상의 구석구석을 보이십니다. 성전 안에서 행해지는 모습은 충격 그 자체였습니다. 북쪽 제단 문어귀에서 행해지는 우상숭배의 모습, 은밀한 방에서 역겨운 짐승 그림 앞에 이스라엘 장로 70인이 향연을 피우는 모습, 지중해의 신 담무스를 위해 애곡하는 여인들의 모습, 성전 안뜰의 현관과 제단 사이에서 25인이 동쪽 태양에게 절하고 있는 모습이었습니다. 하나님을 높여야할 자들이 하나님을 배신하고 우상숭배로 하나님을 모욕하는 것이었습니다. 하나님은 더 이상 이들과 함께 할 수가 없어 떠나십니다. 성전은 거룩할 때 의미가 있기 때문입니다.

II. 표 있는 자는 손대지 말라.

하나님은 심판을 성전에서부터 시작하시겠다고 하십니다. 심판의 대행자는 성읍을 관할하는 자들을 통하여 이루십니다. 위로 제사장들로부터 아래로 일반 백성에 이르기까지, 늙은 자나 젊은 자 심지어 어린아이들까지 인정사정없이 살육의 기계로 모두 멸절시킬 것을 보여 주십니다. 처참하고도 철저한 심판입니다. 그러나 그러한 와중에도 하나님은 당신의 백성을 향한 긍휼의 심정을 잃지 않고 특별지시를 하여 백성들 중에서 회개의 눈물을 흘리는 자들을 일일이 살펴서 그들의 이마에 표를 하라고 하십니다. 물론 이 표는 생명을 보증하는 구원의 표입니다. 가인을 보호하기 위해 주신 표처럼(창4:15), 유월절에 문설주와 문지방에 바른 피처럼(출 12:22~23), 종말에 성도들의 이마에 찍힌 인처럼(계 7:3,9:4,14:1,22:4) 말입니다. 하나님은 심판 날에 반드시 의인을 찾아내십니다. 악인과 의인을 함께 멸하시지 않습니다. 하나님은 의인을 당신의 구속의 역사를 이어갈 남은 자로 보존하십니다.

적용하기

1. 오늘날 교회의 타락상은 어떠한지 나누어 보시오. 혹시 당신은 성령님을 근심케 하거나 소멸시키는 우상의 요소가 있는지 생각해 보시오(고전 3:16).

2. 하나님은 믿음으로 사는 자들에게 구원의 표식을 주십니다. 종말의 때를 살아가는 당신은 참된 위로를 어디에서 발견하고 계십니까?

느낀 점 기록하기

제 6 과

여호와의 영광이 떠나시다

말씀 / 에스겔 10:1~11:25
요절 / "여호와의 영광이 성전 문지방을 떠나서 그룹들 위에 머무르니" (10:18)

● 들어가는 말

여호와의 영광이 떠나는 비극적인 상황을 묘사하고 있습니다. 인생의 의미는 하나님의 임재로 충만할 때이며 비극은 거룩하신 하나님이 더 이상 교류를 원하시지 않는 것입니다. 오늘날 하나님의 임재를 느끼지 못하는 이유가 어디로부터 기인하는지 생각해 봅시다.

● 본문 살피기

1. 예루살렘 성읍에 임할 심판에 대해서 에스겔이 본 환상을 이야기해보시오 (10:1~8).

*그룹들(1절): 하나님의 거룩을 수호하고 하나님의 영광을 찬양하는 임무를 띤 천사들.
*숯불을…성읍 위에 흩으라(2절): 예루살렘 성읍에 진노의 심판을 내리겠다는 뜻. 에스겔이 본 숯불의 환상은 소멸과 정결함을 상징함.

2. 그룹들에 대하여 어떻게 자세히 묘사하고 있습니까(9~17절)?

*다 눈이 가득하더라(12절): 사방 모든 곳을 낱낱이 살필 수 있음.
*하나님은 그룹들을 통하여 당신의 계획을 실현코자 함. 그발 강가에서 본 그 생물 모습임(1:5). 항상 그룹들과 함께 움직임.

갈그미쉬에서 발견된 생물 부조
(루전 950~700년경 후기 힛타이트예술

3. 하나님의 영광이 동문에 머무는 모습을 말해보시오(18~22절).
*여호와 영광이 예루살렘 성전 문지방을 떠날 때도 그룹들을 타고 서서히 떠나심.

4. 방백들이 심어준 거짓된 확신은 무엇이며(11:1~3), 예루살렘에 남은 자들이 당할 심판이 어떠합니까(4~13절)?
*이십오인(1절): 성전 동문에 모인 25인은 예루살렘 성읍을 대표하는 정치 지도자들임.
*이 성읍은 가마...우리는 고기가 된다(3절): 고기가 불에 타지 않도록 가마의 보호를 받는다는 의미. 즉 지도자들이 심판에 대한 위기의식을 가지지 못하도록 판단력을 흐리도록 미혹함.

5. 포로 되어 간 자들에게 주시는 위로의 약속이 어떠합니까(14~21절)?
*새 신(19절): 새롭게 하시는 성령. 여호와 말씀은 바벨론에 포로된 자들과 함께하며 때가 되면 새로운 공동체를 성령의 역사로 이루실 것을 약속함.

6. 여호와의 영광이 떠나는 장면을 말해 보시오(22~25절).
*성읍 동편 산(23절): 감람산. 훗날 여호와께서 이곳으로 다시 되돌아옴(43:1~3).

● 요약 메시지

I. 주께서 성전을 떠나시다.

에스겔이 본 숯불의 이상은 예루살렘을 불로 심판하시겠다는 의지를 선언하신 것입니다. 거룩과 영광의 보좌의 하나님은(1절) 예루살렘의 회개치 않는 관영한 죄악 때문에 가는 베 옷을 입은 사람에게 그룹 밑 바퀴 사이에서 숯불을 취해 예루살렘 성읍 위에 흩으심으로 정결케 하고자 하십니다. 그리고 성전에 계셨던 하나님의 영광은 그룹들을 타시고 서서히 떠나가십니다. 그룹들의 모습은 에스겔이 그발 강가에서 본(1:5) 그 생물의 모습이었습니다. 네 그룹은 똑같은 형상으로 각각 사면에 네 얼굴을 가졌는데 그 얼굴은 곧 그룹, 사람, 사자, 독수리의 얼굴이었습니다. 각 그룹은 네 날개를 가지고 있었는데 각 날개 밑에는 사람의 손 같은 형상이 있었습니다. 또한 네 바퀴도 있었는데 바퀴 둘레에는 눈이 가득하고, 바퀴들은 돌고 있는데 항상 그룹들과 함께 움직이는 모습이었습니다. 하나님은 회개치 않는 백성과 함께 하실 수가 없어 떠나십니다. 하나님의 임재가 떠난 성전은 가치가 없습니다.

II. 새로운 공동체의 소망을 주십니다.

이러한 위급한 상황에서도 지도자들은 내면의 탐심을 숨기고 백성들에게 거짓된 확신을 심어줍니다. '지금은 집을 지을 시기가 아니니다. 그러나 이 성은 가마솥과 같아 그 안에 있는 우리는 안전하고 평강하다'(11:3). 백성들이 위기의식을 가지지 못하도록 달콤한 말로 미혹하고 판단력을 흐리게 했습니다. 지도자들은 절대 안정을 이야기했지만 오히려 예루살렘 성은 초토화되고 거민들은 이방 침략자들의 칼날에 쓰러져가게 됩니다. 그들의 생각에 예루살렘에 남은 자들은 축복받아 보존되고, 바벨론에 포로 된 자들은 버림받을 줄 알고 있었는데 하나님은 반대로 말씀하십니다. 오히려 멀리 바벨론에 있는 당신의 백성들과 함께 하시며 때가 되면 고토(膏土)로 돌이키시고 새 언약의 공동체를 주시겠다고 약속하십니다. 성령의 역사로 분열된 마음에 일치를, 완고하고 무감각한 마음에 절대 순복토록 은혜로운 마음을 주실 것을 약속하십니다. 얼마나 소망스러운 약속인지요? 약속대로 하나님은 이스라엘을 돌이키시고 공동체를 허락하셨습니다.

적용하기

1. 당신은 혹시 거짓 선생에 미혹 받은 적이 있는지 나누어 보시오. 사람들은 왜 거짓 선생에 속아 넘어간다고 생각하십니까?

2. 당신이 속한 공동체의 모습은 어떠한지요? 성령님은 내면의 숨긴 거짓을 들추어내시기도 하시고 회복시키시기도 하십니다. 당신이 하나님의 임재를 느끼지 못하는 이유를 나누어 보시오.

느낀 점 기록하기

제 7 과

화 있을진저, 우매한 선지자여

말씀 / 에스겔 12:1~13:23

요절 / "주 여호와의 말씀에 본 것이 없이 자기 심령을 따라 예언하는 우매한 선지자에게 화가 있을진저" (13:3)

● 들어가는 말

말세가 되면 거짓선생들이 일어나서 이적과 기사로 할 수만 있으면 택하신 백성을 미혹케 할 것을(막 13:22) 말씀하셨습니다. 자신의 영혼을 잘 지키는 일이 우리의 책임입니다. 말세를 사는 우리에게 필요한 지식이 무엇인지 생각해 보는 시간이 되길 바랍니다.

● 본문 살피기

1. 에스겔에게 포로로 잡혀가는 모습을 상징적으로 어떻게 행동하라고 말씀하십니까(1~7절)?

*행구(3절): 포로들의 짐 꾸러미. 궁색하고 초라한 도구. 영적으로 완고함을 아시고 이사하는 행동으로 포로로 잡혀 갈 모습을 강조함.

2. 이사하는 행동의 뜻을 어떻게 해석하고 있습니까(8~16절)?

*왕은 시드기야를 가르키는데 B.C.586년 두 눈이 뽑혀 사슬로 결박되어 바벨론으로 끌려가 죽고(렘52:11), 그의 측근들도 죽음을 당하고 흩어짐.

3. 이스라엘 땅에 기근이 심할 것을 어떻게 예언하고 있습니까(17~20절)?

*에스겔이 떨고 근심하며 떡과 물을 마시는 상징적 행동은 바벨론 침략시 이스라엘의 황무함을 의미함.

4. 예언 성취를 믿지 않는 이들에게 하나님은 어떻게 말씀하십니까(21~28절)?

*묵시가 응험이 없다(22절): 당장 어떤 사건이 일어나지 않자 백성들이 멸시하고 비웃는 말.

*허탄한 묵시나 아첨하는 복술(24절): 당시 거짓 선지자들이 예루살렘의 안전함을 하나님의 뜻인 것처럼 유혹하며 묵시를 무가치한 것으로 취급함. 그러나 하나님의 말씀은 이루어짐.

5. 거짓 선지자들의 특징이 어떻게 나타나 있습니까(13:1~7)?

*황무지에 있는 여우(4절): 황무지에 거처하면서 전답과 포도원을 망쳐놓는 여우.

*자기 마음에서 지어낸 것을 말하고(2절), 백성의 안전보다는 자기유익 추구에 바쁘고(5절), 거짓된 희망을 심는(6절) 자기중심적인 자들.

6. 거짓 선지자들에 대한 하나님의 심판이 어떠합니까(8~16절)?

*열파, 훼멸, 훼파(13~14절): 이와 같은 표현들은 거짓 선지자들의 사역의 가증함을 지적하면서 망할 것을 힘 있게 지적한 말. 믿음의 공동체에서 추방되고, 호적에도 기록되지 못함.

7. 거짓 여선지자들까지 활동하며 노리는 것이 무엇입니까(17~23절)?

*방석과 수건(18절): 마술적 의식에 사용하는 것으로, 방석은 띠(band)로 보아야 하며 수건은 너울 같은 것 임. 무당처럼 백성을 미혹하여 자신의 이익을 추구하여 살림에 보탬.

● 요약 메시지

I. 귀가 있어도 듣지 않습니다.

하나님이 선지자를 세우신 것은 깨우치고 경고함으로 돌이켜 구원에 이르도록 함에 있습니다. 그러나 백성들의 문제는 들어야할 이의 음성은 듣지 않고 자기에게 달콤하고 유익한 것만 받아들인다는데 있었습니다. 이러한 자들을 교육하는 것은 쉽지 않습니다. 하나님은 상징적인 행동을 에스겔에게 명하심으로 호기심을 이끌어 내십니다. 낮에는 행구를 꾸리게 함으로 바벨론에 포로 되어갈 것을 가르치고, 저물 때는 신분의 노출을 꺼려 얼굴을 가리고 도망하므로 바벨론 군대의 침공 시 도피할 모습을 보여 주십니다. 또한 근심하고 떨면서 음식을 먹게 하므로 극심한 기근의 참상을 보여주십니다. 귀가 있어도 듣지 못하는 자들을 깨우치기 위함입니다. 깨닫지 못하는 자들에게 말씀을 가르치는 것은 어려운 일입니다. 또한 말씀을 듣고도 먼 미래에 있어질 일로 보고 상관없이 행동하는 자들도 마찬가지입니다. 이 모습은 바로 오늘을 사는 우리의 모습입니다. 하나님의 심판은 정하신 때가 되면 반드시 이루십니다. 심판의 지연은 한 사람이라도 더 회개의 기회를 주시고자 함입니다.

II. 사람의 영혼을 사냥합니다.

거짓 선생의 특징은 뛰어난 화술로 자기의 마음에서 지어낸 것을 확신 있게 말하며, 백성들의 안전보다는 자기유익 추구하기에 바쁘고, 거짓된 희망을 심어 회개보다는 위로에 속아 살도록 합니다. 영적 지도자는 하나님의 대리자로 백성들을 올바른 방향으로 이끌어가야 하는데 오히려 자기의 사사로운 이익만 추구하며 부패와 타락을 조장합니다. 하나님은 이들의 숨은 죄악을 진노하심으로 귀환 시 약속의 땅에 들어오지 못하도록 하십니다. 이단으로부터 자신을 지키는 것은 우리의 책임입니다. 시대가 혼란스러우면 거짓 선생들이 창궐하며 남.여 모두 하찮은 돈을 위해서 고귀한 영혼을 사냥하고자 나섭니다. 사술이 난무하며 혼란스럽고 그 결과 백성의 영혼은 점점 더 곤고해 집니다. 하나님을 빙자하여 사리사욕을 일삼는 위선자들은 자신뿐만 아니라 그를 좇는 모든 자들을 망하게 합니다. 우리는 정신을 차리고 거짓된 사상에 미혹되지 않도록 힘써야겠습니다.

적용하기

1. 당신은 하나님의 말씀이 믿어지지 않거나 농담으로 들렸던 경험은 없으셨는지요? 말씀을 잘 깨닫지 못할 때 어떠한 방법이 좋다고 생각하는지 나누어 보시오.

2. 거짓 선생들이 활동하는 방법과 목적을 볼 때 그리스도인들이 가장 먼저 극복해야 할 문제가 무엇이라고 생각하는지 나누어 보시오.

느낀 점 기록하기

제 8 과

포도나무 비유

말씀 / 에스겔 14:1~15:8
요절 / "인자야 포도나무가 모든 나무보다 나은 것이 무엇이랴 삼림 중 여러 나무 가운데 있는 그 포도나무가 나은 것이 무엇이랴" (15:2)

● 들어가는 말

나무의 가치는 좋은 목재에 있습니다. 포도나무는 왜소하고 굽어 목재로서 가치가 없습니다. 그러함에도 포도나무를 심는 것은 열매를 얻기 위함입니다. 하나님은 이스라엘을 포도나무에 비유하여 참된 가치가 어디에 있는지 생각하게 합니다.

● 본문 살피기

1. 우상을 마음에 품고 하나님께 나온 이스라엘 장로들의 문제가 무엇입니까 (1~8절)?

*장로(1절): 포로 된 백성들은 회당을 중심으로 공동체적 사회 조직을 가지고 있었음. 장로는 이 조직의 지도자로 이스라엘 장래에 관하여 관심이 많았음.
*우거하는 외인(7절): 이스라엘에 귀화한 자. 히브리 사회의 일원으로 일정한 권리가 주어짐.

2. 선지자가 유혹을 받아 잘못된 예언을 하면 어떻게 된다고 말씀하십니까 (9~11절)?

3. 노아, 다니엘, 욥 같은 의인이 있어도 피할 수 없는 것이 무엇입니까(12~20절)?

*노아, 다니엘, 욥(14절): 타락한 세대에 의로움을 지키고, 극도의 환난에서도 의로움을 지킨 자랑스런자들 임. 그러나 의인이 있어도 기근(13절), 사나운 짐승(15절), 칼(17절), 온역(19절)의 심판을 피할 수 없음을 경고함.

4. 철저한 심판 중에도 주신 위로의 말씀이 어떠합니까(21~23절)?

5. 하나님은 에스겔에게 어떠한 질문을 제시합니까(15:1~5)?

*인자야(2절): 선지자 에스겔을 부르는 호칭. 하나님 앞에서 피조물에 불과한 작고 보잘 것 없는 연약한 존재임을 깨우치고자 하심. 이스라엘을 포도나무에 비유하여 질문하심.

*불이 두 끝을 사르고 그 가운데도 태웠으면(4절): 사마리아는 앗수르에, 유다의 남단은 애굽에, 예루살렘은 바벨론에 멸망할 것을 경고함.

6. 선택받은 이스라엘이 하나님 앞에 범법할 때 어떻게 하시겠다고 말씀하십니까(6~8절)?

*불(6~7절): 바벨론의 공격을 의미함.
*범법함(8절): 배반하다는 의미, 하나님과 맺은 언약을 배반한 죄를 가르침.

● 요약 메시지

I. 두 마음을 품어서는 안 됩니다.

장로들이 호기심으로 하나님 앞에 나아왔습니다. 마음으로는 우상을 섬기고 있지만 답답함을 해결 받고자 나아온 것입니다. 중심을 살피시는 하나님은 이들의 이중적이고 위선적인 악행을 아셨습니다. 그리고 '우상을 멀리하고 죄악을 청산하라'(6절)고 명하십니다. 기도해도 답답하고 응답이 더딘 것은 부패한 심령은 내버려둔 채 형식적인 종교생활과 기도생활을 반복하기 때문입니다. 하나님이 원하시는 것은 관계회복입니다. "주여 주여" 아무리 외쳐도 응답하시지 않습니다. 두 마음을 품은 기도는 응답하시지 않습니다. 그러면서도 노아, 다니엘, 욥과 같은 조상들의 공로로 심판에서 건짐을 받을 수 있었으리라는 생각은 착각입니다. 하나님은 구원의 문제는 하나님과 자신의 개인적인 관계에 의하여 주어진다고 하십니다. 심판 날에 믿음으로 산 자들에게는 긍휼을 베푸십니다. 전쟁과 기근, 맹수와 전염병으로 참혹하게 심판해도 신앙을 순결히 지킨 자에게 구원의 길을 내십니다. 타락한 시대에 노아의 의로운 삶은 귀감이 되는 것과 같습니다(히11:7). 당신의 신앙생활을 점검해 보길 바랍니다.

II. 풍성한 열매를 맺어야 합니다.

포도나무는 목재로서 가치가 없고 꽃도 화려하지 않지만 재배하는 이유는 많은 열매를 얻고자 함입니다. 열매를 맺지 못하면 당연히 땔감입니다. 하나님은 포도나무를 이스라엘에 비유합니다. 인간적으로 땅이 넓은 것도 아니고, 강한 군대를 소유한 것도 아니어서 국위를 선양할 만한 것이 없지만, 그러함에도 풍요한 삶을 누리고 영광을 누릴 수 있음은 크신 하나님의 무조건적인 은혜입니다. 이들은 언제나 하나님의 사랑을 기억하고, 하나님 백성답게 그 이름에 합당한 삶을 살아야할 책임이 있었습니다. 그러나 이들은 하나님의 선민으로서의 고유함을 상실하고 교만하여 우상을 숭배하며 가증스러운 행동을 합니다. 열매는 커녕 부끄러운 행동을 일삼고 있었습니다. 그러자 하나님은 심판의 불로 이스라엘 두 끝을 불살라 사마리아는 앗수르에, 유다의 남단은 애굽의 침탈로 시달리게 하십니다. 그러함에도 완악함을 버리지 않자 예루살렘조차 바벨론에 의해 멸망할 것을 경고합니다. 구원 받은 자의 의무는 열매 맺음입니다. 은혜에 합당한 삶을 살아갑시다.

적용하기

1. 요즈음 당신이 응답받은 기도를 나누어 보시오. 혹시 당신의 기도생활에서 고쳐야할 점은 없는지 나누어 보시오.

2. 당신이 누린 구원의 은혜를 말해 보시오. 은혜 받은 자로서 당신은 어떠한 열매를 맺고 있습니까(갈 5:22~23)? 그렇지 않다면 그 이유가 어디에 있는지 찾아보시오(요 15:5).

느낀 점 기록하기

제 9 과

행음한 이스라엘

말씀 / 에스겔 16:1~63

요절 / "그러나 내가 너의 어렸을 때에 너와 세운 언약을 기억하고 너와 영원한 언약을 세우리라"(16:60)

● 들어가는 말

하나님은 자신과 예루살렘과의 관계를 결혼관계로 비유합니다. 남편의 무조건적인 사랑은 하나님의 사랑을 표현합니다. 인간의 구원과 회복은 전적인 하나님의 은혜입니다. 사람들이 이러한 사랑을 받았음에도 불구하고 배반하는 이유가 어디에 있는지 생각해 봅시다.

● 본문 살피기

1. 예루살렘의 출생을 말해보시오(1~5절).

*네 아비는 아모리... 네 어미는 헷...(3절): 아모리는 가나안에 거주했던 많은 토착민 중 하나이며, 헷은 비셈족 계통의 사람들로서 가나안 원주민 전체를 대표하는 족속. 이스라엘도 본질상 이들과 다를 바 없다는 의미로 기록함.

*소금을 뿌리지(4절): 근동 지방에서 행하는 풍속으로 태어난 아이를 씻긴 후 몸에 소금을 뿌려 피부를 튼튼하게 하고 병균을 방지하기 위함.

2. 고아처럼 버려진 이스라엘을 어떻게 양육했다고 말씀하십니까(6~7절)?

*발짓하는 것(6절): 갓난아이가 무의식적으로 발을 움직이는 것. 피투성이로 버둥거리는 모습.

3. 하나님께서 이스라엘을 어떻게 신부로 맞이하였습니까(8~14절)?
*내 옷으로 너를 덮어(8절): 고대 근동에서 결혼을 뜻하는 상징적인 행위임(룻 3:9).

4. 은혜를 배반하고 예루살렘이 어떻게 행음하였다고 말씀하십니까(15~34절)?
*누를 건축...높은 대를 쌓았도다(24절): 매춘하는 기생집이 눈에 잘 띄는 높은 곳에 있듯, 언덕이나 누각을 지어 우상을 음란하게 숭배함(16절). 음탕한 포즈를 취하고 유혹하며(25절), 애굽(26절), 앗수르(28절), 바벨론(29절)을 의지했음을 상징적으로 말해줌.

5. 행음에 대한 하나님의 심판을 말해 보시오(35~43절).
*모세의 율법 상 간통을 자행한 음부는 돌로 쳐 죽임 당해야 했음(레20:10). 이처럼 공의의 법으로 유다를 심판하실 것을 역설함.

6. 예루살렘의 배교가 어느 정도입니까(44~58절)?
*네 형은...사마리아요 네 아우는...소돔(46절): 숫자나 영토의 크기로 볼 때 그러함. 그러나 예루살렘은 사마리아보다 두 배나 더한 죄악을 행하여 상대적으로 이들이 의롭게 보임(51~52절).

7. 언약을 배반한 이스라엘에게 하나님은 어떠한 긍휼을 약속하십니까(60~63절)?

*영원한 언약(60절): 그리스도의 십자가 보혈로 이루어질 새 언약을 가르침.

● 요약 메시지

I. 버려진 존재를 신부삼아 주셨습니다.

버림받은 아이는 출생해도 배꼽 줄도 자르지 못하고, 포대기에 싸이지도 못하고, 법에 따라 정결케 하는 의식도 행할 수 없고, 간호해 줄 자도 없는 고아일 뿐입니다. 이 모습은 곧 이스라엘을 말합니다. 출생도 그러하고, 타민족들로부터 멸시와 천대를 받음도 그러합니다. 애굽에서는 짐승처럼 노예 취급당하여 채찍과 고역으로 신음 중에 있음에도 하나님은 능력의 손으로 이끌어 내십니다. 이 모습은 또한 우리가 주님을 만나기 전 죄의 속박과 사단의 노예로 고통 가운데 있을 때 보잘 것 없는 우리를 사랑하신 은혜를 의미합니다. 주님의 사랑은 아무 공로 없는 우리를 당신의 백성 삼아주십니다. 극진한 사랑과 정성으로 양육하여 마치 왕비처럼 치장해 주고 화려한 몸단장을 해주셨습니다. 칭찬과 부러움을 받도록까지 하셨습니다. 거룩한 언약을 체결하시고, 각양 좋은 은사를 주셨습니다. 하나님의 사랑을 받을 아무런 자격이 없지만 무조건적인 사랑을 베푸신 사랑이 얼마나 놀라운지요.

II. 배반하고 행음했지만 회복을 약속하십니다.

우리가 매일 호흡하는 공기의 고마움을 모르듯 이스라엘은 이러한 하나님의 사랑을 감사하지 못하고 배반합니다. 영적 간음을 하여 우상을 숭배하고, 하나님보다는 앗수르, 애굽, 바벨론의 힘을 의지합니다. 매춘부도 돈을 받고 몸을 파는데 이스라엘은 돈까지 주면서 몸을 팔았습니다(34절). 그것도 이스라엘을 구박하고 노예로 삼았던 자들과 말입니다. 참으로 어처구니 없는 가증한 행위입니다. 하나님은 이들에게 심판을 경고하십니다. 사마리아와 소돔의 죄악을 심판했듯이, 율법에 간통을 자행한 음부를 돌로 쳐 죽임을 당하게 하듯 이스라엘의 죄악을 경고합니다. 그러나 하나님은 신실하여 어렸을 때 세운 언약을 기억하고 세상과 놀아난 이들에게 훗날 십자가로 이루실 은혜의 새 언약을 약속하십니다. 이스라엘이 이러한 하나님의 사랑을 생각할 때 당장 실천해야할 점은 진정한 회개입니다.

적용하기

1. 고아를 왕비 삼아 주신 이스라엘을 생각하며, 당신은 어떻게 죄와 사망에서 구원받고 왕자, 왕비가 되었는지 나누어 보시오. 그렇다면 당신은 하나님 앞에서 어떻게 반응해야 하겠습니까?

2. 결혼, 이혼, 재혼으로 구성하여 하나님과의 관계를 이야기한다면 당신은 어떠한 상태에 있습니까? 혹시 세상의 힘 있는 자들을 의지하므로 하나님과 불편함을 느끼고 있다면 말해 보시오.

느낀 점 기록하기

제 10 과

개인의 책임

말씀 / 에스겔 17:1~18:32

요절 / "범죄하는 그 영혼은 죽을지라 아들은 아비의 죄악을 담당치 아니할 것이요 아비는 아들의 죄악을 담당치 아니하리니 의인의 의도 자기에게로 돌아가고 악인의 악도 자기에게로 돌아가리라"(18:20)

● 들어가는 말

하나님은 이 세상 모든 나라의 운명을 주관하고 계시는 역사의 주인이십니다. 모든 인간은 이 하나님 앞에서 독립적인 존재입니다. 자신의 책임 있는 행동이 결과로 주어집니다. 하나님 앞에서 자신의 모습을 재발견하는 시간이 되길 바랍니다.

● 본문 살피기

1. 두 독수리와 한 포도나무 이야기를 말해보시오(1~10절).

*채색이 구비하고..큰 독수리(3절)는 여러 민족과 나라를 통치하고 있던 바벨론 제국의 느브갓네살 왕을 비유하고, 백향목의 높은 가지(3절)는 유다의 왕 여호야긴과 귀족들을 사로잡아 간 사실을 말함(B.C.597년; 왕하24:15).

*그 땅의 종자(5절): 여호야긴 대신에 세운 시드기야 왕. 바벨론의 속국으로 있음(6절).

*날개가 크고 털이 많은 큰 독수리(7절)는 애굽 왕을 가르침.

2. 위 비유를 어떻게 해석하고 있습니까(11~21절)?

3. 다윗 왕가에 주시는 새로운 소망이 무엇입니까(22~24절)?
*백향목에서 한 가지인 시드기야 왕을 잘라 바벨론으로 가져갔으나 그가 심은 나무는 죽음. 하지만 언약에 신실하신 하나님은 백향목 꼭대기에서 가지를 취하여 높은 산에 심음. 연한 가지는 무성하여 각양 새들이 깃들이게 되어 그 나무 아래 피난처와 안식처로 누리게 됨. 이것은 훗날 예수 그리스도의 복음의 터 위에 건설될 메시야 왕국을 의미함.

4. 당시 유행하던 속담에 대하여 하나님은 무엇이라 말씀하십니까(18:1~4)?
*아비가 신 포도를 먹었으므로...이가 시다(2절)는 의미는 아비의 죄 값을 아들이 담당한다는 것.

5. 죄를 처리하는 하나님의 세 가지 예가 어떻게 나타납니까(5~20절)?
*의로운 사람이 법과 의를 따라 산 경우(5~9절), 의로운 아버지의 아들이 악한 일을 행하면서 산 경우(10~13절), 그 악한 아버지의 아들이 다시 의롭게 산 경우(14~20절)임.
*월경 중에 있는 여인(6절)은 율법에 의식적으로 부정한 것으로 규정됨(레 18:19). '억탈'(7절)은 가죽을 벗기다는 의미로 아주 철저히 약탈함을 의미함. '변을 위하여 꾸이지 아니하며'(8절)는 동족들 간에 돈을 꾸어주는 경우에 변리 취함을 금지함(신 23:20).

6. 누구에게나 하나님이 제시하는 생명의 길은 무엇입니까(21~32절)?

*과거의 죄인이어도 진실한 회개를 통하여 얼마든지 용서받을 수 있고, 과거 의인일지라도 현재 타락하여 죄악 중에 처해 있다면 그는 지금 죄로 인해 죽을 것임. 정녕 부모의 행동이 선하든 악하든 상관없이 자기의 허물에 대하여 회개하면 죄는 청산하게 됨.

● 요약 메시지

I. 이방 나라를 통해서 징계하십니다.

언약을 배반하는 자에게는 심판이 있습니다. 하나님은 일찍부터 바벨론에게 항복하고 그를 섬기는 것이 살 길이라고 말씀하셨습니다(렘 27:11). 이유는 이스라엘이 하나님의 사랑을 배반하고 우상을 섬긴 죄악을 엄히 책망하고 정결케 하여 당신의 거룩한 백성 삼고자 계획하심입니다. 심판의 도구는 신흥 세력으로 급부상한 바벨론 제국을 택하셨습니다. 유다는 채색의 큰 독수리 느브갓네살 왕에게 충성을 맹세해야했습니다. 처음에는 바벨론에게 충성을 했습니다. 그러나 여호야긴이 포로 되고(3~4절) 시드기야가 유다 왕위에 앉자(5~6절) 독립과 자유에 대한 열망으로 두 번째 독수리인 애굽과 동맹을 맺음으로 바벨론과의 언약을 파기하였습니다. 그 결과 시드기야는 바벨론에 끌려가 비참한 대우를 받다가 감옥에서 한 많은 일생을 마감하게 됩니다(16절). 자기의 욕심과 뜻을 따라 애굽을 의지한 결과입니다. 우리는 언제나 하나님의 뜻에 민감한 사람이 되어 주를 기쁘시게 하는 자가 되어야겠습니다.

II. 환경과 조건을 탓해서는 안 됩니다.

우리 속담에 "잘되면 내 탓 못되면 조상 탓"이란 말이 있습니다. 고대 근동에도 "아비가 신 포도를 먹었으므로 아들의 이가 시다"라는 말이 널리 퍼져 있었습니다. 이 속담은 자신의 죄를 합리화하는데 좋은 구실이 됩니다. 현재의 고난과 위기는 조상들의 죄 값에 기인한 것이어서 어찌할 수 없다는 것입니다. 물론 조상들과 환경과 조건들이 간접적인 영향을 미칠 수 있습니다. 그러나 죄를 행하는 자는 바로 자기 자신이기에 변명할 수 없습니다. 그러함에도 얼마나 많은 사람들이 남의 탓을 하면서 자신을 죄로부터 지켜 성결한 삶을 살고자 힘쓰고 애씀이 부족합니까? 죄는 유전되지 않습니다. 기독교는 불의한 숙명론자가 아닙니다. 현재의 삶에 충실해야 합니다. 하나님은 자신의 행한 바 의(5~9절)와 불의(10~13절)에 따라 하나님 앞에서 각자 판단 받는다는 사실을 강조합니다. 과거의 죄인은 영원한 죄인이거나 과거의 의인은 영원한 의인이라고 말씀하시지 않습니다. 진실한 회개와 부단한 노력으로 이루어진 경건한 삶으로 나아가야겠습니다.

적용하기

1. 당신은 혹시 하나님의 뜻보다는 자기욕심과 고집을 주장하며 살다가 고난당한 경험이 있으면 말해 보시오.

2. 당신은 불행에 대해 부모와 타인과 환경을 탓한 적이 있습니까? 자기의 책임을 다하지 않으면서 또한 자신의 운명을 개척하고자 노력도 하지 않으면서 원망하는 것은 죄라는 사실을 아십니까?

느낀 점 기록하기

제 11 과

이스라엘의 반역

말씀 / 에스겔 19:1~20:44
요절 / "너는 이스라엘 방백들을 위하여 애가를 지어"(19:1)

● 들어가는 말

에스겔은 다윗 왕통을 이은 유다 왕국의 마지막 왕들의 최후와 멸망을 비유로 풍자하며 비극적인 운명을 애도합니다. 하나님을 영화롭게 하지 않는 인생들의 최후를 말해 줍니다. 오늘날 우리에게 주는 의미를 생각해 봅시다.

● 본문 살피기

1. 다윗 왕가를 암사자로 비유하고 있습니다(2절). 암사자가 두 마리의 젊은 사자를 키우는데, 그 중 하나의 젊은 사자의 비유를 이야기해 보시오(1~5절).

*암사자는 다윗의 유다 왕실을 가리킴. 젊은 사자는 유다 최후의 선왕, 요시아의 뒤를 이어 왕이 된 17대 여호아하스(B.C.609년)를 칭함. 그는 반 애굽 정책을 폈다가 3개월 만에 므깃도 전투에서 애굽의 느고에게 포로 되어(왕하23:34) 애굽으로 끌려감. 에스겔은 다윗 왕통의 몰락을 탄식하고 애가를 지음.

2. 또 하나의 젊은 사자의 비유를 말해 보시오(6~9절).

*젊은 사자는 18대 유다 왕 여호야 김(B.C609~597년)을 가리킴. 그는 예레미야를 수차례 투옥하고 성경을 칼로 베어 불에 던질 정도로(렘36:23) 하나님을 두려워하지 않고 백성을 압제하다가 결국 느브갓네살에 의하여 바벨론에 포로로 끌려갔음(대하36:6).

3. 다윗 왕가를 포도나무에, 왕자들을 가지에 비유하였는데 결국 이들의 종말이 어떠합니까(10~14절)?

*키가 굵은 가지(11절)는 유다의 마지막 왕 시드기야(B.C.597~586년)를 말함. 그는 두 차례에 걸쳐 바벨론의 침공을 받았음에도 불구하고 우상을 섬기다가 3차 침공으로 예루살렘은 함락되고, 자기 아들은 죽임을 당하고, 자신은 두 눈이 뽑혀 쇠사슬에 묶여 끌려갔음.

4. 이스라엘을 대표한 장로들이 물으러 온 것이 무엇입니까(20:1~3,31~32)?

*제 7년 5월 10일(1절)은 바벨론유수 2차 7년째 되는 해(B.C.591년경). 즉 에스겔이 사역을 시작한지 2년째 되는 해.

5. 장로들의 물음에 조상들이 행한 역겨운 일들을 설명합니다. 애굽에서의 행한 일들이 무엇입니까(4~9절)?

*애굽에서 그들의 풍습과 우상을 섬겼고, 출애굽하고서도 애굽의 아피스 우상을 숭배한 것을 말함.

6. 광야에서(10~26절), 가나안 정복 후 정착한 땅에서(27~29절), 에스겔 시대에서(30~44절) 이스라엘의 배신을 이야기해 보시오.

*"장자를 화제로"(26절): 아들을 몰렉 제단에 바쳐 불에 태우는 것.

*"바마"(29절): '바'는 가다, '마'는 어디로의 합성어로 '너희는 어디로 가느냐' 경멸적 표현으로 산당으로 향하는 자들을 향한 질책을 의미함.

*"막대기 아래로 지나게"(37절): 목자가 막대기로 양들의 숫자를 세며 보호하듯 유다 백성을 보호하시겠다는 뜻임. "너희 천신하는 첫 열매"(40절)는 최선을 다하여 바치는 예물을 의미함.

● 요약 메시지

I. 애가를 부르게 합니다.

선지자는 암사자와 뿌리 채 뽑히고 꺾인 포도나무 비유를 통하여 유다 왕실의 몰락을 탄식합니다. 두 마리의 새끼 사자의 이야기는 잘못 길들여져 욕심대로 식물을 삼키고 심지어 사람까지도 먹어 삼키는 식인 사자로 비유합니다(3,6절). 이는 요시야이후 왕위를 승계한 여호아하스의 잔인하고 잔혹한 통치를 의미하며, 또 하나의 사자는 다음 왕이 된 여호야김이 하나님을 두려워하지 않고 우상을 숭배하여 성읍들이 황폐할 것(렘 36:23)을 예언합니다. 포도나무 비유를 통해서는 가나안에 정착하여 강성하게 된 유다 백성들이지만 하나님을 배반하여 예루살렘은 함락되고, 성은 약탈되며, 왕은 쇠사슬에 묶여 포로로 끌려가는 신세가 될 것을 말합니다. 하나님의 은혜로 세움 받은 왕들이 오히려 하나님을 대적하는 일에 앞장서게 된 것입니다. 어찌 이들이 비참한 종국을 피할 수 있겠습니까? 하나님을 영화롭게 해드리지 못하는 인생의 결국은 파국인 것입니다.

II. 오늘날까지 계속됩니다.

이스라엘은 나라를 형성하기 전부터 죄를 범하였습니다. 국가의 근간을 이루는 십계명과 사회법, 그리고 의식법과 제사법을 주어 하나님의 백성으로서 어떻게 살아야할 것인지 가르쳐 주었지만 율례를 무시하고 안식일을 더럽히고 우상을 숭배했습니다. 가나안에 정착해서도 산당을 세워 가증한 우상들을 숭배하였고, 우상 숭배하는 자들을 경멸하는 표현으로 '바마'라 하였지만 우상숭배는 계속 그들의 삶이 되고 전통과 관습이 되었습니다. 하나님의 은혜를 입은 자로서 차마 행치 못할 패역한 삶의 모습입니다. 바벨론에 포로로 잡혀와 생활하면서도 우상을 숭배하는 일이 필수적이라고 생각했습니다. 아직도 정신을 차리지 못하고 이 같은 일을 행한 것입니다. 하나님은 너무 분노하셔서 그들 마음대로 내어 버려두시기로 작정하셨습니다(39절). 끝까지 회개하기를 거부하는 자들에게 죄악 가운데 방치하사 심판에 이르게 하신다는 것입니다. 하나님의 이름이 무시될 때 하나님은 심판으로 대응하십니다.

적용하기

1. 이스라엘이 하나님의 보호 아래 번영을 누렸지만 죄악으로 애가를 부르는 신세가 되었습니다. 혹시 당신은 하나님의 은혜를 탐욕과 죄악으로 바꾸고 있지는 않은지 생각해 보시오.

2. 바벨론의 포로생활 중에도 우상숭배 하는 이스라엘을 보면서 당신에게서 끊기 어려운 죄의 습관이 어떠한 것이 있는지 이야기해 보시오.

느낀 점 기록하기

제 12 과

성 무너진 데를 막아설 사람

말씀 / 에스겔 20:45~22:31

요절 / "이 땅을 위하여 성을 쌓으며 성 무너진 데를 막아서서 나로 멸하지 못하게 할 사람을 내가 그 가운데서 찾다가 얻지 못한 고로" (22:30)

● 들어가는 말

우리 개역성경과 히브리어 성경구분이 다릅니다. 히브리어 성경은 20:45절이 21장으로 시작됩니다. 예언의 공통적인 주제는 하나님의 심판입니다. 심판 앞에서 우리가 취해야할 자세를 생각해 볼 수 있기를 바랍니다.

● 본문 살피기

1. 하나님께서 예루살렘을 향한 심판이 어떠하리라고 말씀합니까(20:45~21:7)?

*20:46에 언급된 '남' '남방'은 히브리어로 데만, 네게브인데 유다를 가리키는 말임. 의인과 악인(3절)은 20:47절의 푸른 나무와 마른 나무에 대한 구체적 해설임.

*심판을 예언해도 불평하는 이스라엘에게 삼림에 일어나는 불처럼 이스라엘에 파괴와 살육이 전개될 것을 말씀함(20:45~49). 다시 칼에 대한 비유로 심판을 말하며 이미 뽑혀진 살육의 칼은 임박한 심판을 표현함. 7절은 바벨론 공격에 직면한 유다 백성들의 공포의 모습.

2. 칼의 노래는 무엇이며(9~11절), 선지자의 슬픔이 어느 정도입니까(12~13절)?

*칼은 죽이기 위해 날카롭게 마광되어졌고 칼의 심판으로 유다 왕의 집안까지 멸망함.

*"넓적다리를 칠지어다"(12절)는 허벅다리를 의미하며 비탄과 애통함을 나타내는 행위.

3. 칼의 노래에서 세 가지 강조되고 있는 행동이 무엇입니까(14~17절)?
*에스겔이 손뼉을 치고, 칼로 두세 번 휘둘르고(심판을 나타내는 격한 감정), 하나님도 손뼉을 침. "칼이 우향하라...좌향하라"는 진노의 칼이 마구 휘둘러지는 모습을 시적으로 표현함.

4. 바벨론이 어떠한 방법으로 유다를 침략하는지 말해 보시오(18~32절).
*바벨론이 유다(20절)와 암몬 족속(28절) 중 어느 곳을 먼저 칠 것인가를 결정하기 위해 점을 쳤는데 우연찮게 합치하여 먼저 유다 침공을 결정함(22절). 바벨론이 어떻게 유다의 예루살렘 도성을 공격할 것인지 마치 현장에서 보듯 실제적이고 구체적으로 예언하심.
*살들을 흔들어...희생의 간을 살펴서(21절): 바벨론에서 유행하던 점술. 특히 희생의 간이란 희생 제사를 드린 후 제물의 간 색깔로 결정하는 방법.

5. 유다가 멸망할 수밖에 없는 반인륜이고(22:3~11), 반사회적이고(7,12절), 반종교적인(3~4,8~9절) 죄악상을 이야기해 보시오.
*성물들을 업신여겼으며(8절): 하나님께 바칠 것을 다른데 바침. 종교적인 범죄를 의미함.

6. 하나님은 유다를 금속 찌꺼기처럼 어떻게 취급하시겠다고 말씀하십니까(17~22절)?
*손뼉을 쳤나니(13절): 분노와 탄식의 행위.

7. 유다의 총체적 죄악상을 말해 보시오(23~31절).
*종교 지도자, 정치 지도자, 백성들 모두 죄악되고, 기도하는 자를 찾을 수 없음.

● 요약 메시지

I. 유다 왕국을 철저하게 응징하십니다.

사람들의 목숨을 취하기 위하여 날카롭게 광이 나는 칼은 여호와에 의하여 휘둘러집니다(3절). 이 심판의 칼은 푸른 나무인 의인과 마른 나무인 악인 모두를 심판하십니다. 악인이 그 죄악으로 멸망하는 것은 당연합니다. 그러나 의로운 자들의 멸망은 유다 왕국의 타락과 부패에 무책임하게 동조했기 때문에 그에 대한 책임으로 상응한 대가를 받습니다. 심판의 칼날은 좌충우돌, 종행무진(16절) 수많은 사람들이 목숨을 잃게 합니다. 바벨론은 유다를 심판하기 위하여 심판의 도구로 부름을 받았습니다. 바벨론의 팽창과 유다의 패망은 하나님의 계획과 섭리에 의한 것입니다. 사악한 음모를 꾸몄던 암몬도 멸망을 받아 역사의 자취를 감추고 맙니다. 우리는 이 준엄한 심판들을 보며 하나님의 자비의 손길이 지나기 전 겸손히 회개함이 살 길임을 명심해야 합니다.

II. 백성을 위해 기도하는 자가 없습니다.

한 나라가 멸망하는 것은 외적인 요인보다 내부적인 죄악에 기인하는 경우가 많습니다. 유다의 멸망도 마찬가지입니다. 유다는 총체적 난국에 처해있습니다. 종교적 타락, 우상숭배, 윤리 규범의 패역함, 성읍 한복판에 살인과 간음과 음행, 가정 질서 파괴, 가난하고 소외된 자들에 대한 무관심, 부정부패,,,,하나님은 너무도 분노하여 이들을 쓸모없는 금속 찌꺼기처럼 불같이 타오르는 용광로에 넣어 녹여 버리겠다고 하십니다. 유다의 죄악은 사회 전반에 걸쳐 지위고하를 막론하고 행해지고 있었습니다. 선지자, 제사장들, 정치지도자들, 백성들까지 한결같이 모두 타락하였습니다. 문제는 타락의 길에서 돌이키도록 외칠 지도자도 없다는 것입니다. 성 무너진 데를 막아서서 간절함으로 기도하는 사람도 없습니다. 얼마나 두렵고 무서운 일입니까? 어느 시대나 깨어서 기도하는 자가 없으면 망합니다. 종교가 생명력을 잃으면 사회 전반이 무너진다는 것을 알아야 합니다.

적용하기

1. 당신은 마지막 날에 있을 심판을 어떻게 준비하며 살고 있습니까? 혹시 신령하다는 점괘에 의지하여 살고 싶은 마음은 없는지 나누어 보시오.

2. 오늘날 죄악상을 말해 보시오. 당신은 멸망의 길을 치닫고 있는 이 시대의 형제들을 위하여 어떻게 중보기도에 힘쓰고 있는지 이야기해 보시오.

느낀 점 기록하기

제 13 과

에스겔 아내의 죽음

말씀 / 에스겔 23:1~24:27
요절 / "이와 같이 에스겔이 너희에게 표징이 되리니 그가 행한 대로 너희가 다 행할지라 이 일이 이루면 너희가 나를 주 여호와인 줄 알리라 하라 하셨느니라" (24:24)

● 들어가는 말

예루살렘 죄악으로 멸망이 임박했음을 끓는 가마의 비유와 선지자 에스겔의 아내의 죽음을 통하여 말씀합니다. 특히 에스겔 아내의 죽는 모습은 상당히 큰 충격을 줍니다. 하나님의 사람은 하나님을 위해 절대 충성과 헌신이 요구된다는 사실을 말해 줍니다.

● 본문 살피기

1. 23장은 16장과 유사한 장입니다. 결혼이라는 은유를 통하여 보여준 사마리아의 매춘에 대하여 말해 보시오(1~10절).

*이스라엘은 어린 시절부터 애굽과 부정한 관계를 가진 경험이 있음(3,8절). 우상숭배에 물들어 있었음을 의미함. 오홀라는 '그 여자 자신의 장막' 이란 뜻으로 하나님과 무관한 성소를 가지고 있다는 의미이며, 오홀리바 '그녀 안에 있는 나의 장막' 이란 뜻으로 예루살렘에 세워진 하나님의 성소를 상징함.

2. 아우 오홀리바인 예루살렘의 매춘에 대하여 말해 보시오(11~21절).

*아우 오홀리바는 음욕이 더하고, 간음이 더 심하여 앗수르(11~13절), 바벨론(14~18절)과 애굽(19~21절)과 음란한 관계를 가짐.

3. 예루살렘의 매춘에 대한 하나님의 심판을 말해 보시오(22~35절).
* '너의 미워하는 자' 와 '너의 싫어하는 자' 에게 넘겨주신다 함(28절).

4. 오홀라와 오홀리바의 죄악이 무엇이며(37~45절), 심판하는 이유가 무엇입니까(46~49절)?
*안식일을 범하고, 성소를 더럽히며, 이방나라를 의지하고, 간음을 행하며, 무고한 피를 흘림. 심판은 죄악을 그치고, 심판의 교훈은 잘못된 행동을 반복하지 않게 함.

5. 가마에 고기를 끓이는 비유로 예루살렘의 최후 멸망을 어떻게 예언합니까(24:1~14)?
*에스겔이 바벨론 포로로 끌려간 지 9년째 되던 해 바벨론 군대들이 예루살렘 성을 포위하여 3차 침공을 감행. 예루살렘은 18개월 동안 포위되었다가 B.C.586년 4월 9일에 함락되었음(렘39:2절).
*가마솥은 예루살렘을 가르키고, 고기는 그 곳에 사는 백성들을 의미함. 녹슨 가마라 칭함은 예루살렘에 악이 가득함을 상징함. 녹은 불에서도 없어지지 않음.

6. 에스겔 아내의 죽음을 통해 보여주고자 하는 징조가 무엇입니까(15~24절)?
*에스겔 아내의 충격적인 죽음은 유다의 운명도 최후를 맞이했음을 예고해 주는 사건임.

7. 에스겔이 벙어리가 되었다가 그 입이 풀리는 사건은 무엇을 의미합니까 (3:25~27 참조)?

*이 성소가 제하는 날은 예루살렘이 멸망하는 날임(25절). 심판을 도피자에게서 듣게 될 것과 말하기가 자유로울 것을 예언함(33:22).

● 요약 메시지

I. 오홀라와 오홀리바의 죄악은 심판받습니다.

이스라엘의 비신실함을 결혼이라는 은유를 통해 이스라엘이 하나님께 대하여 행음하는 모습으로 나타내줍니다. 신부는 오홀라와 오홀리바라는 두 여인을 통하여 북 이스라엘과 남 유다의 모습을 말해 줍니다. 오홀라의 음행은 사마리아의 타락을 의미합니다. 북 왕국의 영적 음행 대상은 화려하고 준수한 앗수르였습니다. 이스라엘은 하나님의 선민으로서 여호와 하나님을 의지했어야 했음에도 불구하고 앗수르를 의지하고 그들의 우상을 섬김으로 충성을 보였습니다. 오홀리바의 음행은 예루살렘의 죄악을 의미합니다. 오홀라의 음행과 파멸을 보고도 오홀리바는 오히려 언니보다 더 심한 음행에 빠졌습니다. 열방과 더 심하게 군사적, 정치적 관계를 불의하게 맺고, 사마리아의 멸망을 보면서 교훈을 받기보다는 오히려 각종 우상숭배에 빠졌습니다. 마치 본 남편을 떠난 여인이 창기가 되어 뭇 남자를 받아들이는 것처럼 음행을 저지른 것입니다. 결국 유다는 갈대아 부족들에 의해 침략을 받고, 모든 산업과 재산을 약탈당하며 수치와 모욕을 당하게 됩니다. 하나님 백성으로서 자긍심을 버리고 세상의 화려함과 권세에 탐닉한 자들의 비극을 말해 주는 것입니다.

II. 선지자 아내의 죽음을 통해 징조를 보여줍니다.

예루살렘의 멸망이 도래했음을 선지자 에스겔의 아내의 죽음을 통해 말씀합니다. 에스겔 선지자 아내의 급작스런 죽음은 우리에게 상당한 충격을 줍니다. 에스겔은 자기 아내를 지극히 사랑하고 아꼈음을 짐작할 수 있습니다. 하나님께서 '네 눈에 기뻐하는 것'(16절)이라고 말씀하셨기 때문입니다. 그러나 하나님은 메시지의 수단으로 아내를 데려가셨습니다. 그리고 에스겔에게 아내의 죽음을 애도하되 결코 큰소리로 애통하거나 통곡하지 말라고 하십니다. 참된 선지자는 개인적인 슬픔보다는 받은바 사명이 우선되어야 한다는 것을 알게 합니다. 이것은 예루살렘의 멸망 소식이 얼마나 충격적이고 상상밖의 일인지 백성들이 기가 막혀 울지도 못할 정도가 된다는 것을 의미합니다. 성전이 있는 거룩한 도성이 멸망한다는 것은 한번도 생각지 않은 일이었기 때문입니다. 하나님의 심판은 우리가 상상하는 것보다 훨씬 치명적입니다. 에스겔 아내의 죽음으로 유다의 운명이 최후를 맞이했음을 보여주듯 당신도 하나님의 공의로운 심판 앞에 미래를 준비하고 살아야겠습니다.

● 적용하기

1. 하나님은 당신의 백성을 신부 삼으시고, 사랑하며, 아끼십니다. 그런데도 벌을 내릴 수밖에 없음은 그만큼 죄악이 크기 때문입니다. 당신이 하나님보다 사랑하고 의지하는 것은 무엇이 있습니까?

2. 에스겔에게 기쁨이었던 아내를 데려가심을 보면서 하나님의 영광을 위해 자신의 기뻐하는 것을 포기해 본 경험이 있는지 나누어 보시오.

● 느낀 점 기록하기

—

인자야 내가 너를
이스라엘 족속의 파숫군으로 세웠으니
너는 내 입의 말을 듣고
나를 대신하여
그들을 깨우치라
에스겔 3장 17절

—

art 3

열방에 대한 심판

나 여호와가 말하노라 애굽을 붙들어주는 자도 엎드러질 것이요 애굽의 교만한 권세도 낮아질 것이라 믹돌에서 부터 수에네까지 무리가 그 가운데서 칼에 엎드러지리라 나 주 여호와의 말이니라(에스겔 30:6)

제 14 과

열방에 대한 심판

말씀 / 에스겔 25:1~17, 28:20~26

요절 / "나 주 여호와가 말하노라 내가 열방에 흩어 있는 이스라엘 족속을 모으고 그들로 인하여 열국의 목전에서 내 거룩함을 나타낼 때에 그들이 고토 곧 내 종 야곱에게 준 땅에 거할지라"(28:25)

● 들어가는 말

열방을 심판하는 것은 하나님의 공의와 위엄이 존재함을 선포합니다. 하나님의 백성을 괴롭히는 대적들을 심판함으로 택한 백성에게 소망을 제시합니다. 불의가 횡행하는 세대에 하나님의 공의를 굳게 의지하는 여러분이 되길 바랍니다.

● 본문 살피기

1. 암몬 족속의 죄와 심판을 말해 보시오(1~7절).

* 암몬은 롯과 그의 작은 딸이 동침하여 낳은 벤암미의 후손들임(창 19:38). 랍바(5절)는 암몬의 수도. 오늘날 요르단의 수도가 암몬. 이들의 죄악은 하나님의 백성이 어려움을 당할 때 "아하 좋다"(2절)하며 행복해 함.

2. 모압의 죄와 심판이 어떠합니까(8~11절)?

* 모압은 롯과 그의 큰 딸이 동침하여 낳은 후손들임(창 19:37). 주로 사해 동쪽 땅에 거주함. 이들의 죄악은 하나님께 받은 특별한 은혜를 부인함(8절). 렘 48장 전체가 모압 심판을 경고함.

3. 에돔에 대한 죄와 심판을 말해 보시오(12~14절).

*에돔의 다른 별명은 세일임(창 25:25). 에돔과 모압은 조상이 같고, 모압 남쪽에 위치하여 밀접했음. 오바다를 통해 에돔의 죄악을 구체적으로 암시함(옵 1:12~14절).

4. 블레셋에 대한 심판을 말해 보시오(15~17절).

*블레셋은 이스라엘 연안에 와서 사는 민족으로 가드, 가사, 에글론, 아스돗, 아스글론이 연합하여 형성된 나라임. 사사시대(삼갈, 입다, 삼손)에 이스라엘 백성들에게 상당히 위협적 존재로 하나님의 법궤를 빼앗은 적도 있고, 이스라엘은 그들의 모습이 부러워 군사적인 왕을 구하기도 했음(삼상 8:5).

5. 시돈의 죄와 심판을 말해 보시오(28:20~24).

*시돈은 두로 북방 40km 지점에 위치한 도시 국가로 페니키아인으로 구성됨. 가장 악한 왕 아합의 아내 이세벨은 바로 시돈 왕의 딸임(왕상 16:31~34). 우상숭배의 좋지 못한 관습을 퍼뜨림. 하나님은 염병과 피와 칼을 통해 심판을 예언함.

6. 하나님은 유다 왕국의 회복을 어떻게 선포하십니까(25~26절)?
*하나님은 장차 이스라엘을 모으고 거룩함을 나타내며 약속의 땅에 돌아올 것을 예언함. 그리고 그 땅에서 멸시하던 자들은 심판을 받게 됨. 에스겔 33~39장에서 구체적으로 하나님 나라의 회복에 대해 언급함.

● 요약 메시지

I. 하나님의 백성들이 넘어짐을 기뻐하는 자들을 심판하십니다.

제일 먼저 암몬 족속의 멸망을 선포하는데 이들은 하나님의 백성이 어려움을 당할 때 '아하 좋다' 하며 유다의 멸망을 손뼉을 치며 발을 구르며 즐거워한 죄입니다. 하나님의 백성이 잘못되는 것을 좋아하는 것은 하나님의 역사를 조롱하는 것입니다. 이들은 5년 뒤 바벨론의 공격으로 정복되었으며, 기원전 2세기경 유다 마카비에 의해 멸절합니다. 모압 역시 유다의 멸망을 기뻐할 뿐만 아니라 한걸음 더 나아가 여호와의 이름을 망령되이 일컬었습니다. 유다 민족도 지켜주지 못하는 신이니 다른 나라의 신과 차이가 없다고 조롱하며 이방 신과 동일시하여 하나님을 모욕했습니다. 하나님은 모압을 진멸시켜 하나님만이 참된 신이심을 분명하게 깨닫게 하십니다. 모압은 바벨론에 의해 주권을 상실함으로 예언이 성취됩니다.

II. 유다의 곤란한 틈을 타서 괴롭힌 자들을 심판하십니다.

에돔은 야곱의 자손과 적대 관계에 있었습니다. 에돔은 항시 이스라엘을 괴롭혔고, 이스라엘 역시 에돔을 달가워하지 않았습니다. 그런데 유다 왕국이 멸망당하니 에돔 족속의 기쁨은 주체할 수 없었습니다. 이들은 바벨론이 유다를 침공할 때도 바벨론을 도와 유다를 공격했습니다(옵11~14). 하나님은 에돔의 멸망을 선포했고, B.C.164년 마카비 전쟁 때 에돔은 유대인들에게 정복됨으로 예언이 성취되었습니다. 블레셋은 사사시대와 사울의 시대에 상당히 위협적인 존재로 이스라엘을 괴롭혔습니다. 솔로몬 시대에는 예속적인 위치에 있기도 하였으나 블레셋은 틈나는 대로 이스라엘을 괴롭혔습니다. 하나님은 이들의 심판을 선포하십니다. 예언대로 이들은 주전 6세기 말 바벨론 왕 느브갓네살에 의해 영원히 역사의 이면으로 사라집니다. 시돈은 우상숭배를 퍼뜨려 이스라엘 백성에게 눈의 가시와 같았습니다. 이스라엘 백성들을 타락케 하여 하나님의 영광을 훼손토록 했고, 그러한 죄는 결코 용서 받지 못하고 심판받았습니다. 역사 속에서 성취된 예언들로 교훈을 얻는 지혜로운 사람이 되길 바랍니다.

● 적용하기

1. 하나님을 대적하는 자들은 그 뿌리까지 뽑히고 소멸되는 심판이 있습니다. 이방 나라들까지 심판하시는 하나님을 통하여 얻은 교훈을 말해 보시오.

2. 혹시 악인들의 형통을 부러워하거나 미워해 본 적이 있습니까? 하나님의 절대 주권을 신뢰한다면 어떻게 살아야하겠습니까?

● 느낀 점 기록하기

● 열방에 대한 심판 비교

	이사야	예레미야	에스겔	아모스
암몬	없음	49:1~6 암몬의 파괴와 회복	25:1~7 암몬의 파괴와 포로	1:13~15 암몬의 파괴와 포로
모압	15:1~16:14 모압의 파괴와 멸망	48:1~47 모압의 마지막 날의 파괴	25:8~11 모압이 정복되고 잊혀짐	2:1~3 모압은 불로 멸망됨
에돔	21:11~12;34:5~17 에돔은 조용한 곳이 될 것임	49:7~22 에돔은 멸망하고 한적한 곳이 됨	25:12~14 에돔의 강한 곳이 황폐할 것임	1:11~12 에돔은 불로 먹힐 것임
블레셋	14:29~32 블레셋은 멸망당할 것임	47:1~7 블레셋은 멸망당하고 조용할 것임	25:15~17 블레셋은 뱃사람으로 잘릴 것임	1:6~8 블레셋은 멸망할 것임
두로와 시돈	23:1~18 멸망하지만 7년 후 다시 세워질 것임	없음	26:1~28:26 불경건한 예로서 멸망당함	1:9~10 두로는 불로 먹힐 것임
애굽	19:1~25 애굽은 멸망하고 세계강국에서 사라질 것임	46:1~26 애굽은 느부갓네살에게 정복당할 것임	29:1~32:32 애굽은 멸망하고 세계반열에서 사라짐	없음
다메섹	17: 1~14 다메섹은 멸망하고 적은 사람만 살아남음	49:23~27 다메섹은 멸망할 것임	없음	1:3~5 다메섹은 멸망당하고 파괴될 것임
바벨론	13:1~14:23 바벨론은 소돔과 고모라 같이 멸망할 것임	50:1~51:64 바벨론은 멸망당하고, 파괴되고 없어질 것임	38:1~39:39(?)	없음

제 15 과

두로에 대한 심판

말씀 / 에스겔 26:1~28:19
요절 / "네 큰 지혜와 장사함으로 재물을 더하고 그 재물로 인하여 네 마음이 교만하였도다" (28:5)

● 들어가는 말

하나님은 두로의 탐욕을 경고하며 심판을 예언합니다. 오늘날 안목의 정욕으로 눈이 어두워 세상을 좇다가 회개의 기회를 놓친다면 두로처럼 하나님의 심판을 피할 수 없을 것입니다. 교만은 인생을 망하게 하는 지름길이기 때문입니다.

● 본문 살피기

1. 두로의 죄악에 대하여 말해보시오(26:1~6).

*에스겔이 포로 된지 11년에(B.C.586년) '만민의 문'으로 불리 울 정도로 라이벌인 예루살렘이 멸망하자 크게 기뻐한 죄를 심판함. 두로는 가나안 본토에서 800여 미터 떨어진 둘레 4km의 암석으로 이루어진 섬. 두로는 이 반석 위에 세워졌는데 하나님께서 두로 시가지를 모조리 바다에 쓸어 넣어 맨 바위만 드러나게 하시어 어부들의 한가한 낚시터가 되게 하심.

2. 임박한 두로의 심판에 대하여 말해 보시오(7~14절).

*두로는 바벨론 왕 느부갓네살의 통치 20년이 되던 해 군대를 이끌고서 침공함으로 33년에 함락됨. 후에 알렉산더 원정으로(B.C.332년) 완전히 멸망함. 그 실상이 처참하고 다시는 두로의 옛 영화는 회복되지 못함(14절).

3. 두로의 멸망으로 열방이 어떻게 두려워했습니까(15~21절)?

*도무지 멸망할 것 같지 않은 두로의 멸망은 주변 열방의 충격을 줌. 유다의 멸망 앞에선 기뻐했으나 두로의 멸망 앞에선 왕들이 보좌에서 내려와 수놓은 옷을 버리고, 애가를 불렀음. 이유인즉 두로의 멸망으로 상업과 무역관계가 차단되고 경제적 이윤과 세상 즐거움을 얻지 못하게 됨.

4. 두로의 찬란했던 문화를 살펴보시오(27:1~11).

*두로가 누린 영광을 보여줌. 두로는 섬나라로 농업과 같은 기초산업은 발달하지 못했으나 해상무역이 발달하여 상업과 무역으로 막강한 전력을 과시함. 국가 경쟁력과 군사력(10~11절)을 갖추고 있었으며 부족함이 없었음.

5. 두로의 상업 활동을 말해 보시오(12~25절).

*교역 상대국(다시스, 헬라, 에돔, 다메섹, 아라비아, 메소포타미아)과 교역 물품(각종보화, 전마와 노새, 꿀과 기름과 유향, 포도주와 향품)을 이권에 따라 교역함.

6. 두로의 갑작스런 멸망을 탄식하는 주변 국가들의 슬픔을 말해 보시오(26~36절).

*두로가 성공함으로 교만하여, 하나님과 사람을 무시한 최후를 말해줌.

7. 두로 왕의 몰락(28:1~10)과 애가(11~19절)를 살펴보시오.
*에덴동산을 방불케 하던 두로, 하나님의 성산을 수호하던 두로 왕의 교만으로 패망함.

● 요약 메시지

I. 세상 재물을 의지하는 교만함이 문제입니다.

두로는 팔레스틴 북서쪽의 지중해를 끼고 발달된 국가로 이스라엘이 가나안 정복 시 완전히 쫓아내지 못한 가나안 원주민들에 의해 이룩된 나라입니다. 두로는 일찍부터 해상 무역로와 육상 무역로가 만나는 지정학적 위치를 이용하여 국제 무역을 주도하며 상업의 중심지로 부상했습니다. 두로는 주변 열방들과의 활발한 무역활동으로 막강한 부를 축적하였습니다. 때문에 두로는 주변 열국들로부터 흠모의 대상이었습니다. 두로 사람들은 돈이 되면 무엇이든지 사고파는 자들이었으며 이권과 관계하여 교역하는 철저한 현실주의자들이었습니다. 두로는 재물 모으는데 급급했고 경쟁관계에 있던 유다가 멸망하자 자신들의 무역량이 증대할 것만을 생각하고 크게 기뻐하였습니다. 이웃의 불행을 자신의 기쁨의 근원으로 삼는 자들이었습니다. 두로는 경제적 이윤만을 생각하다가 졸지에 멸망하게 됩니다. 오늘날 물질 만능주의에 사로잡혀 있는 현대인들에게 주는 경고의 메시지입니다.

II. 자기 자신에 대한 과신이 문제입니다.

두로의 또 하나의 문제는 많은 경제적 부를 축적하여 국제적 영광을 얻게 되자 교만하여 과대망상에 사로잡혀 자신을 신이라(28:2) 지칭합니다. 물론 천하 열국이 두로의 도움을 입고 있었고, 에덴동산을 방불케 할 정도로 아름다운 자연과 막강한 경제력으로 외국의 뛰어난 건축술과 좋은 자재를 도입하여 화려한 건물을 짓고 정치, 경제, 문화 모든 면에서 두각을 나타내었습니다. 문제는 여호와 하나님은 안중에도 없고, 오히려 자기 과신에 빠져 자기의 능력을 자랑하고 자기 지혜를 자랑하게 된 것입니다. 인간의 마음속에는 타인보다 우월해지고자 하는 성향이 있지만 두로 왕은 자부심을 넘어 지나친 교만으로 발전하여 하나님과 자신을 동일시한 것입니다. 자기 신격화는 영적 교만으로 가장 사악한 행위에 해당됩니다. 인간의 본분을 잊고 교만해진 인생의 결국은 파멸뿐입니다.

적용하기

1. 교만한 인생이 영원히 번영하고 행복을 누릴 수 없다는 것을 두로의 멸망을 통하여 보여 줍니다. 당신은 세상부귀의 유한하고 일시적인 면을 인정하십니까?

2. 두로 왕의 실패가 말해 주는 교훈을 생각해 보시오. 하나님을 의지하지 않는 인생의 결국이 어떠합니까? 당신은 혹시 하나님보다 자신을 의지하며 교만하게 살고 있는 점은 없는지 살펴보시오.

느낀 점 기록하기

제 16 과

애굽에 대한 심판

말씀 / 에스겔 29:1~32:32
요절 / "나라 중에 지극히 미약한 나라가 되어 다시는 열국 위에 스스로 높이지 못하리니 내가 그들을 감하여 다시는 열국을 다스리지 못하게 할 것임이라"(29:15)

● 들어가는 말

강대국이었던 이집트가 오늘날 미약한 나라로 전락해 버린 이유가 무엇일까요? 많은 이유들이 있겠지만 성경에서는 이집트의 근본문제가 교만 때문임을 언급합니다. 이집트의 운명을 길게 예언한 말씀을 살펴보면서 교훈을 되새겨 보시길 바랍니다.

● 본문 살피기

1. 나일 강의 악어로 표현한 바로의 죄와 심판을 말해보시오(29:1~7).

*예루살렘 함락(B.C.586년 4월 9일)보다 6개월 전(렘 39:2절)에 애굽 왕 바로(호브라, 26왕조 바로느고 2세의 손자)의 운명을 예언함.

2. 바벨론은 애굽을 침략하기 전 두로를 공격하였으나 얻은 것이 없이(17~21절) 애굽을 침략합니다. 이들의 피해상황을 말해 보시오(8~16절). 그 후 애굽의 운명이 어떠합니까(14~15절)?

*애굽은 느부갓네살 지배 하에 40년 동안(11절) 신음하다가 바사 왕 고레스가 본토 귀환령을 선포할 때 애굽도 본국으로 귀환함. 그러나 이전과 같은 강대국으로서 지위를 회복하지 못할 것을 예언함.

3. 애굽의 멸망의 날을 '여호와의 날'이라 칭하며 선포한 것과 그 동맹국들의 멸망을 말해 보시오(30:1~19).

*구스는 에디오피아, 붓은 리비아, 룻은 소아시아의 루디아, 굽은 리비아의 소수 종족 누비아로 추정됨. 군사동맹을 맺은 주변국들도 칼에 멸망함(5절). 애굽의 정치, 종교의 중심지인 8개 도시들도 멸망함(13~18절: 놉, 바드로스, 소안, 노, 신, 아웬, 비베셋, 드합느헤스).

4. 애굽의 패배는 바로의 팔이 꺾였다는 표현으로 묘사됩니다. 그의 마지막은 어떻게 됩니까(20~26절)?

*바벨론의 느부갓네살은 앗수르를 무너뜨리고, 전통적으로 강한 애굽마저도 제압함.

5. 앗수르의 멸망을 예로 들어 애굽의 멸망을 확언합니다. 앗수르와 애굽의 번영이 어느 정도였으며(31:1~9), 이들의 패망 원인이 무엇이라고 말씀하십니까(10,14절)?

*앗수르의 번영은 레바논의 백향목 같았으나 바벨론에 패망하여 애곡하는 신세가 됨. 백향목은 가지가 우산꼴로 높이 치솟고, 잎이 무성하며, 장엄하여(시 92:12,사 2:13,슥 11:1~2) 힘과 아름다움과 번영을 상징함. 교만은 패망의 선봉임(잠 16:18).

6. 과거 애굽은 젊은 사자로 국제 사회에 영향력을 행사하였지만, 지금은 나일 강의 악어에 불과합니다. 바로의 운명이 어떠합니까(32:1~16)?

*불길처럼 타오르던 바로의 영광이 사라짐(7절). 바벨론 군대에 의해 애굽이 멸망함(11절).

7. 애굽을 향한 멸망 선포이자 이방 나라들의 멸망에 대한 결론을 말해 보시오(17~32절).

*앗수르(22~23절), 엘람(24~25절), 메섹과 두발(26~28절), 에돔(29절), 시돈(30절), 애굽(31~32절)의 멸망을 선포함. 강대국 군주들이 무덤에 머무름. 세상 권력과 영화의 부질없음을 보여줌.

● 요약 메시지

I. 교만은 패망의 선봉입니다.

유다와 열방의 멸망 원인은 교만이며, 애굽의 미약함도 교만 때문입니다. 애굽의 군사력은 그들의 번영과 더불어 막강한 힘을 과시하고 있었습니다. 비록 바벨론에 의해 갈그미스 전투에서 대패하여 약화되었지만 호브라의 등극과 독려로 애굽의 군대는 사기충천하여 있었습니다. 애굽의 기병과 잘 훈련된 보병은 마음먹은 것은 무엇이든지 이룰 것 같았고 이러한 자만은 스스로를 하나님으로 만들었습니다. 나일 강을 만든 것이 자신이며, 자기는 바다의 큰 동물 악어로 자처하였고 자만심과 교만에 가득 차서 근동 제패의 꿈을 꾸며 군비를 축적하였습니다. 연합군을 형성하였고 유다를 부추겨 바벨론에 반기를 들도록 했습니다. 기고만장한 애굽도 바벨론의 침공으로 포로가 되고, 모든 기간산업이 파괴되는 처참한 심판을 받습니다. 이것은 하나님이 직접 관여하신 죄에 대한 응징입니다.

II. 미약한 나라가 됩니다.

애굽은 느부갓네살의 공격을 받고 바벨론에 정복되어 40년이나 사람이 살지 않는 땅이 됩니다. 바사 왕 고레스가 바벨론을 정복하고 모든 식민국가의 본토 귀환령을 선포할 때 유다는 팔레스틴으로, 애굽도 본국으로 귀환합니다. 그러나 애굽은 이전과 같은 강대국으로서의 지위를 회복하지 못합니다. 훗날 알렉산더의 공격을 받아 오히려 헬라의 지배 하에 들어가 애굽 북부의 중요한 대도시가 거의 대부분 헬라화 됩니다(B.C.332년). 애굽의 영화는 이전처럼 중근동의 패권을 차지하는 강대국이라기보다는 회복은 되지만 약소국으로 전락합니다. 이제 어떠한 나라도 미약해진 애굽을 의지하지 않습니다. 레바논의 백향목처럼 강했던 앗수르의 몰락으로 경고를 받았지만 애굽은 그 교훈을 듣지 않습니다. 교만은 이처럼 무서운 결과를 가져옵니다. 에스겔은 애가를 지어 슬픔을 노래합니다. 이 세상 영화는 아침 안개와 같고 들의 풀과 같이 유한하며 허망한 것이라고...

적용하기

1. 하나님의 주권적 섭리가 아니고는 인간의 모든 노력과 수고가 헛될 뿐입니다. 이집트의 몰락을 보고서 당신은 어떠한 점을 깨닫게 되었는지 나누어 보시오.

2. 에스겔 선지자는 유다의 멸망 뿐 아니라 이방 여러 나라의 멸망을 선고함으로 새로운 역사 전개 방식을 보여 줍니다. 교만은 패망의 선봉입니다. 당신이 의지하는 세상적 교만이 무엇인지 깊이 생각해 보고 회개의 글을 써 보시오.

느낀 점 기록하기

—

인자야 내가 너를
이스라엘 족속의 파수군으로 세웠으니
너는 내 입의 말을 듣고
나를 대신하여
그들을 깨우치라
에스겔 3장 17절

—

이스라엘 회복에 대한 예언

그러므로 나 주 여호와가 말하노라 내가 이제 내 거룩한 이름을 위하여 열심을 내어 야곱의 사로잡힌 자를 돌아오게 하며 이스라엘 온 족속에게 긍휼을 베풀찌라 (에스겔 39:25)

제 17 과

돌이키고 돌이키라

말씀 / 에스겔 33:1~33
요절 / "주 여호와의 말씀에 나의 삶을 두고 맹세하노니 나는 악인의 죽는 것을 기뻐하지 아니하고 악인이 그 길에서 돌이켜 떠나서 사는 것을 기뻐하노라 이스라엘 족속아 돌이키고 돌이키라 너희 악한 길에서 떠나라 어찌 죽고자 하느냐 하셨다 하라"(11절)

● 들어가는 말

파수꾼이 있다는 사실은 진리를 알 수 있는 기회가 주어진 것입니다. 사랑이신 하나님은 에스겔을 세우시고 이스라엘 백성들에게 살 길을 제시합니다. 회개하면 사죄의 은총을 받고, 자기 의를 주장하면 심판으로 보응받습니다. 회개의 메시지를 들을 수 있길 바랍니다.

● 본문 살피기

1. 적의 침략을 받을 때 보편적으로 취하는 태도가 어떠합니까(1~6절)?
*칼은 이방 군대의 침략을 말함. 나팔은 적의 침공을 알리는 고대의 통신 수단임. 파수꾼의 책임은 적의 동태를 파악하여 아군에게 연락하는 것임. 소홀히 하면 그에 상응한 책임이 따름.

2. 파수꾼으로 부름 받은 에스겔의 사명을 말해 보시오(7~9절).
*에스겔은 이스라엘 백성들이 하나님께로 돌아갈 수 있도록 보살피는 역할을 해야 함.

3. 죄의 결과로 짓눌려 쇠잔한 백성에게 주시는 소망의 메시지가 무엇입니까(10~11절)?

*백성들에게 사죄의 은총을 입게 된다는 위로와 아울러 회개를 촉구함.

4. 의인과 악인의 생사 여부가 어떠하다고 말씀하십니까(12~20절)?

*이스라엘 백성들은 자신들의 혈통을 자랑하며 심판 받지 않을 것을 확신함. 하나님은 혈통보다 현재 믿음으로 행함을 중시함. 그러자 그들은 공평치 않다고(17절) 문제 제기함.

5. 에스겔은 예루살렘의 멸망 소식을 어떻게 들었습니까(21~22절)?

*에스겔이 소식을 접하기까지 대략 6개월 이상 간격이 있는데 이는 예루살렘에서 바벨론까지 소식을 가지고 간 자가 걸렸던 기간임. 에스겔의 입이 다시 열려 하나님의 말씀을 전함.

6. 이스라엘 땅에 남아 그 땅을 영구히 차지할 줄로 생각하는 자들에게 주시는 말씀이 어떠합니까(23~29절)?

*유대인들은 잘못된 믿음에 빠져 신실하게 살기보다는 자만심으로 공의로운 삶을 져버림.

7. 그 당시 유대인들이 하나님의 말씀을 듣는 체하면서 실행하지 않는 모습이 어떻게 나타나 있습니까(30~33절)?

*당시 에스겔은 음악에도 재능이 있어 리듬에 맞추어 말씀을 증거 함. 그러나 백성들은 신앙이 타성에 젖어 하나님의 말씀을 사모함도 없고 말과 형식만 무성하고 자신의 욕심 채우기에 급급한 현실임.

● 요약 메시지

I. 파수꾼의 사명을 다해야 합니다.

파수꾼의 책임은 빈틈없는 경계 태세를 갖추고 적의 동태를 살펴 침략에 대비하는 일입니다. 경계의 소홀로 적의 침략을 받게 되면 그 일차적 책임이 파수꾼에게 있습니다. 하나님은 에스겔 선지자를 파수꾼으로 세우십니다. 유다 백성에게 회개를 촉구하여 심판을 피하게 하는 것이 주된 임무입니다. 에스겔이 외친 메시지는 '하나님은 혈통보다는 신앙을, 과거의 공적보다는 현재 삶의 자세가 중요함'을 말씀합니다. 과거에 많은 죄를 지었어도 경고를 받고 돌이키면 구원을 얻게 되고, 반면 아무리 과거에 선한 삶을 살았다 하더라도 현재 삶이 불의하면 심판받을 수밖에 없습니다. 하나님의 뜻은 회개하여 구원을 얻으라는 것입니다. 이 일이 파수꾼의 역할입니다. 그러하기에 파수꾼은 아무리 밤이 깊어도 깨어 있어야 하며 영적 긴장 상태를 유지해야 합니다. 적군에 대처하기 위함입니다. 당신은 어떻게 파수꾼의 역할을 어떻게 감당하고 있습니까?

II. 신앙의 자만은 패망입니다.

신앙에서 자만은 가장 위험한 일입니다. 유다 백성은 유다의 함락 앞에서도 통곡하고 회개하기 보다는 기득권만을 생각하며, 기업을 유지할 확실한 근거도 그들의 조상 아브라함에게서 찾습니다. 하나님께서는 기업은 숫자의 많고 적음이 문제가 아니라 하나님의 말씀대로 순종하는 믿음에 있음을 선포합니다. 유대인들의 문제는 아브라함 자손으로서 권리만을 생각했지 하나님 앞에서 아브라함이 어떻게 살았는지에 대해선 관심이 없었습니다. 에스겔이 하나님의 말씀을 선포해도 호기심을 가질 정도 일뿐, 자신들의 유익에 대한 것만 생각합니다. 귀로는 말씀을 듣지만 마음으로는 우상을 섬기고, 하나님의 공의를 실천하는 데는 인색합니다. 타성에 젖은 형식주의 신앙은 겉으로 화려하게 보일지언정 그 최후가 멀지 않습니다. 물론 이런 자들에게 하나님 앞에 설 기업도 없음은 너무나 당연합니다.

적용하기

1. 에스겔은 하나님의 말씀을 파수하는 사명을 받았습니다. 당신은 은혜 받은 자로서 어떻게 복음을 수호하고 전파하는 삶을 살고 있는지 나누어 보시오.

2. 당신은 혹시 과거 충성하던 시절을 자화자찬하며, 현재는 상황을 핑계 삼고 나태한 신앙생활을 하고 있는 점은 없는지 나누어 보시오.

느낀 점 기록하기

제 18 과

참 목자

말씀 / 에스겔 34:1~31
요절 / "인자야 너는 이스라엘 목자들을 쳐서 예언하라 그들 곧 목자들에게 예언하여 이르기를 주 여호와의 말씀에 자기만 먹이는 이스라엘 목자들은 화 있을진저 목자들이 양의 무리를 먹이는 것이 마땅치 아니하냐"(2절)

● 들어가는 말

오늘날 대형화된 것을 쫓다보니 주의 사역도 경영으로 여겨 영혼을 돌보는 목자로서의 시각보다는, CEO로 전락하여 양 키우는 일을 하지 않고 목자의 역할을 하시는 분들이 있음을 보게 됩니다. 하나님께서 말씀하신 참 목자의 상은 어떠해야 하는지 생각해 봅시다.

● 본문 살피기

1. 삯꾼 목자들의 특징에 대해 살펴보시오(1~6절).
*목자란 칭호는 고대 근동에서 왕들과 신들을 칭송하는데 사용되었던 표현임. 바른 목자의 임무는 외부의 위험과 내부의 분열로부터 양의 무리를 잘 보살피는 것임.

2. 삯꾼 목자들의 최후가 어떠합니까(7~10절)?
*목자의 임무에 소홀하고 직무를 유기하는 자는 준엄한 심판을 받고 직책에서 쫓겨남.

3. 하나님께서 당신의 양떼를 어떻게 친히 돌보시겠다고 말씀하십니까(11~16절)?

*하나님께서 친히 목자가 되어 자기 백성들을 자상히 돌보실 것을 말씀하심. 이 말씀은 이스라엘이 바벨론 포로에서 귀환할 것을 비유로 약속하심.

4. 하나님께서 삯꾼 목자에게 붙어 기생하는 악하고 살찐 양의 심판을 어떻게 말씀하십니까(17~22절)?

*살찐 양은 부유층은 말하는데 이들은 왕에게 헌납하기 위하여 가난한 자들을 압제하고 수탈하여 부를 축적했음.

5. 하나님께서는 악한 목자들에 대한 해결책으로 어떠한 약속을 하십니까(23~24절)?

*하나님은 더 나은 체제로 바꾸기 보다는 다윗과 같은 선한 목자를 세우실 것을 말씀하심.

6. 참 목자 되신 그리스도가 다스리는 나라의 모습이 어떠합니까(25,28절)?
*평안과 화평이 있음. 예수님께서는 수고하고 무거운 짐진 자들에게 안식을 주심(마 11:28).

7. 그리스도가 다스리는 나라의 풍요로움을 말해보시오(26~27,29절).
*멍엣목을 꺾고(노예 상태에서 풀려나고), 유명한 종식할 땅(식물을 재배할 땅, 하나님의 축복을 받은 풍요로운 땅)에서 풍요로움을 누림.

● 요약 메시지

I. 거짓 목자와 참 목자를 구분해야 합니다.

지도자는 하나님께서 맡기신 선민을 바르게 인도하고 보호해야할 의무를 부여받은 자들입니다. 그러나 이스라엘의 목자들은 양들을 영육간에 살찌우기는커녕 그들의 소유를 빼앗아 자신들이 호의호식했습니다. 연약하고, 병들고, 상처받고, 쫓기고, 잃어버린 양들을 사랑으로 보살피기보다는 무자비하게 권력으로 다스렸습니다. 결국 이스라엘 백성들은 목자 없는 양이 되어 들짐승의 밥이 되고 유리방황하게 되었습니다. 하나님께서 이러한 목자들을 직위를 해제시키시고 하나님께서 친히 목자가 되어서 자신의 양을 구원하시겠다고 의지를 표명하십니다. 백성들을 잘못된 길로 인도하여 도탄에 빠지게 하는 지도자들은 큰 형벌로 다스림을 받습니다. 본문은 요한복음 10장과 유사합니다. 선한 목자는 자기 목숨을 아끼지 않고 양떼를 돌보는 자요, 삯꾼 목자는 양떼를 자기 이익의 도구로 삼는 자들입니다.

II. 예수님이 우리의 목자입니다.

하나님은 지도자들의 타락하고 부패한 실상을 한탄만 하시는 것이 아니라 다윗으로 지칭되는 메시야를 참 목자로 세우십니다. 참 목자는 백성들을 자상하게 관심을 가지고 자비와 사랑으로 돌보십니다. 또한 자신의 양떼를 찾으시고 살찐 꼴로 먹여 주십니다. 안녕과 평안을 누릴 수 있도록 하시고 풍성한 삶을 약속하십니다. 이분은 바로 인간이자 하나님이신 예수 그리스도입니다. 선한 목자 예수님은 초림 하셔서 우리의 구원을 이루었고, 재림과 함께 구원을 완성하실 분이십니다. 당신은 누구를 목자로 삼고 있습니까? 주님은 지금도 믿는 자들을 성령으로 인도하십니다. 이 은혜 안에 강건하여 풍성한 삶을 누리는 여러분이 되길 바랍니다.

● 적용하기

1. 당신은 참 목자이신 예수님으로부터 어떠한 은혜를 받았는지 나누어 보십시오. 오늘날 삯군 목자의 모습을 말해 보시오.

2. 목자가 해야 할 일은 양들을 풍성하게 먹이는 것입니다. 당신이 최근에 양의 아픔에 동참하거나 상처를 싸매어 준 경험을 나누어 보시오.

● 느낀 점 기록하기

제 19 과

새 언약의 백성

말씀 / 에스겔 35:1~36:38
요절 / "또 새 영을 너희 속에 두고 새 마음을 너희에게 주되 너희 육신에서 굳은 마음을 제하고 부드러운 마음을 줄 것이며"(36:26)

● 들어가는 말

자비로우신 하나님은 범죄한 이스라엘 백성에게 소망의 길을 제시합니다. 성령을 통하여 새 사람으로 빚으시고 새 언약의 백성 삼으시겠다고 약속하십니다. 진정한 심령의 변화가 어떻게 이루어지는지 배울 수 있길 바랍니다.

● 본문 살피기

1. 장차 에돔이 받을 심판을 말해 보시오(35:1~4, 7~9절).
*세일산은 아카바 만 동쪽에서 아라비아 동북쪽으로 이어지는 산악지대로 에돔의 본거지임.
*세일은 황무지와 황폐케 되며 살육과 패망하여 없어질 것임.

2. 에돔이 심판 받는 첫째 이유를 말해보시오(5~6절).
*이스라엘과 에돔은 오랜 앙숙관계임. "한"이라 함은 반감, 증오를 의미함. 에돔은 이스라엘의 가나안 입성을 방해했고(민 20:18~21), 모압과 연합하여 유다를 침공했음(대하 20:10).

3. 에돔이 멸망하게 되는 두 번째 이유를 말해보시오(10~15절).

*에돔은 이스라엘과 형제 국임에도 불구하고 교만하게 굴며 예루살렘 함락을 매우 기뻐함.

4. 심판 중에도 긍휼을 베푸시는 하나님은 선민 이스라엘 백성들의 고통에 어떠한 소망을 제시하십니까 (36:1~7)?

*이방인들은 이스라엘에게 조롱과 수치와 모욕을 주었던 대로 되돌려 받게 됨.

5. 하나님은 이스라엘의 땅의 회복을 구체적으로 어떻게 말씀하십니까 (8~15,33~38절)?

*땅은 다시 과실을 맺으며(8~9절), 번성하며(10~11절), 영원한 기업이 되며(12~14절), 다시는 욕을 당치 않게 되며(15절), 산과 땅이 회복되어 에덴동산같이 하나님 백성의 기업이 됨(33~38절).

6. 하나님의 이름을 더럽힌 이스라엘을 하나님은 당신의 영광을 위하여 어떻게 하시겠다고 말씀하십니까(16~23절)?

*하나님의 이름을 더럽힌 것은(월경 중에 있는 여인, 레 15:19) 우상숭배와 연관되어 있고, 하나님의 이름을 위한 명예회복은 바로 선민 이스라엘 백성의 회복과 연관되어 있음.

7. 하나님은 성령을 통하여 택한 이스라엘 백성들의 심령의 변화를 어떻게 말씀하십니까(24~28절)?

*성령의 오심은 여호와의 백성과 언약을 새롭게 함. 계약 공식은 "너희는 내 백성이 되고 나는 너희 하나님이 될 것이다"

● 요약 메시지

I. 땅을 회복시키십니다.

이스라엘을 괴롭힌 자는 가장 가까운 형제국으로 에돔입니다. 에돔은 에서의 자손들이 살고 있었는데 이들은 오랜 앙숙관계에 있었습니다. 이스라엘에 적의를 품고 있었기에 예루살렘 함락을 보고 매우 즐거워했습니다. 함락 후에는 약화된 틈을 타서 이스라엘 지경을 침범하여 헤브론까지 장악하기도 했습니다. 형제국으로서 에돔이 할 도리가 아닙니다. 하나님은 이러한 에돔을 멸절하시겠다고 말씀하십니다. 예언대로 에돔은 로마에 의해 멸망당하여 역사에서 완전히 사라져 버리고 말았습니다. 반면 이스라엘은 이방의 놀림감이 되었지만 무조건적인 하나님의 은혜로 회복됩니다. 택한 백성도 범죄하면 하나님은 징계하십니다. 둘의 차이점은 선택받은 자의 고난은 정결케 하여 복귀시킬 뿐만 아니라 복 주시고 많은 열매와 번성을 약속해 주셨다는 점입니다. 고난의 날에도 소망을 가질 이유입니다.

II. 새 마음을 주십니다.

물질적 축복을 누리는 것은 하나님의 전적인 은혜입니다. 또한 범죄한 백성들이지만 하나님의 백성으로의 신분까지 회복시키심은 더 큰 놀라운 하나님의 은혜입니다. 우상으로 더럽혀 돌이킬 수 없는 영혼을 정결케 하며, 강퍅하고 고집 센 마음을 변화시켜 하나님의 율례를 지켜 행함은 기적입니다. 정결케 하는 의식으로 씻을 수 없는 죄의 오염을 씻기신 것입니다(인격의 변화는 성령께서만이 할 수 있습니다). 변화를 받은 마음은 부드러워져서 주님의 뜻에 순종하는 사람이 됩니다. 또한 죄를 부끄러워하고 회개의 삶을 살게 합니다. 당신은 이러한 심령의 변화를 체험하셨습니까?

적용하기

1. 에돔이 멸망당하는 죄를 보면서 당신에게 적용되는 점은 무엇입니까? 하나님은 공의로우셔서 선악 간에 행한 대로 보응하시는 분이심을 믿습니까?

2. 당신이 심령의 변화를 받아야 할 부분은 무엇입니까? 어떻게 새 마음과 부드러운 마음을 소유할 수 있는지 나누어 보시오.

느낀 점 기록하기

제 20 과

마른 뼈들의 환상

말씀 / 에스겔 37:1~28

요절 / "그가 내게 이르시되 인자야 이 뼈들이 능히 살겠느냐 하시기로 내가 대답하되 주 여호와여 주께서 아시나이다"(3절)

● 들어가는 말

하나님 안에서 절망은 없습니다. 인간적으로 소망이 보이지 않을수록 믿는 자에겐 하나님의 능력이 더 크게 나타나기 때문입니다. 에스겔에게 보여준 마른 뼈의 환상이 우리 모두의 비전이 되길 바랍니다.

● 본문 살피기

1. 여호와의 권능으로 에스겔이 본 환상이 어떠합니까(1~2절)?

*뼈가 가득하더라는 의미는 바벨론에 포로로 잡혀 와서 아무 소망 없이 살아가는 이스라엘 백성들의 영적 상태를 상징함.

2. 하나님은 에스겔에게 어떠한 질문을 하시며 그에 대한 에스겔의 대답이 어떠합니까(3절)?

*확신이 없는 대답과도 같음.

3. 하나님께서 에스겔에게 대언하라고 주신 말씀이 무엇입니까(4~10절)?
*하나님께서는 먼저 말씀으로 뼈, 힘줄, 살이 돋게 하시고, 다시 생기를 불어 넣어 주심으로 완전하게 소생시킴. 생기는 하나님께서 창조 시 사용하신 생명임.

4. 마른 뼈 환상에 대한 해석을 말해 보시오(11~14절).
*마른 뼈들을 살게 하는 것은 하나님의 영으로 가능하며, 이스라엘의 회복은 죽은 자의 부활과 같음. 이스라엘은 바벨론 포로귀환의 경험을 통하여 하나님이 어떠한 분인지 체험함.

5. 두 막대기가 하나가 되는 비유를 말해보시오(15~17절).
*솔로몬 이후 분열된 북이스라엘과 남유다가 하나의 통일된 국가를 이룰 것을 의미함.

6. 두 막대기의 비유가 이스라엘에게 어떠한 소망을 제시합니까(18~22절)?
*현재 북이스라엘은 앗수르에, 남유다는 바벨론에 멸망당하여 포로 신세가 되어 있지만 장차 이 나라는 회복되어 다시 나눠지 않으며, 한 왕이 나라를 통치하게 될 것임.

7. 장차 다윗 왕권의 회복으로 주어질 언약의 특징이 무엇입니까(23~28절)?
*하나님과 백성과의 관계 회복이며 땅의 회복임. 또한 족장들의 언약과 같이 번성케 되며, 마지막으로 하나님이 그들 가운데 거하신다고 약속하심.

● 요약 메시지

I. 하나님 안에서 절망은 없습니다.

여호와의 권능으로 환상 가운데 골짜기의 수많은 뼈들을 보게 하십니다. 골짜기의 뼈들은 전쟁의 참화(慘禍)로 매장될 여유도 없이 온통 골짜기에 방치되어 육신은 썩어 없어지고 뼈들만 아주 말라 있었습니다. 이것은 바벨론의 포로생활 속에서 소망을 잃고 절망적으로 황폐해진 유다의 영혼을 의미합니다. 이것은 곧 죄로 인하여 소망 없는 인생들의 모습과 같습니다. 하나님은 죽은 뼈와 같이 소망이 없어 보여도 살려 낼 수 있습니다. 인간의 절망이 하나님 안에서는 기회가 되기 때문입니다. 이 일은 하나님의 능력으로만 가능합니다. 말씀이 선포되고 성령이 역사할 때 가능합니다. 마른 뼈들에 힘줄이 붙고 살이 붙어 사람의 형상이 되었을 때의 감격을 생각해 보십시오. 큰 군대로 서 있는 모습을 상상해 보십시오. 당신은 이러한 하나님의 부활의 능력을 의지하십니까?

II. 진리 안에서 하나됨을 원하십니다.

에스겔은 또 하나의 환상을 보게 됩니다. 유다와 이스라엘이 적힌 두 막대기가 하나 되는 것입니다. 역사적으로 솔로몬 이후 분열된 북이스라엘과 남 유다가 하나의 나라로 회복된다는 것은 꿈같은 이야기입니다. 남북분단의 아픔을 안고 있는 한국의 현실과 같습니다. 이 일을 하나님께서 장차 이루실 것이라 말씀하십니다. 하나님께서 신약시대에 한 목자이신 메시야를 통하여 이루실 것입니다. 약속대로 그리스도 안에 있는 신약의 교회 공동체는 이 일을 성취했습니다. 하나님과 죄인이 연합하였고, 이방인과 이스라엘이 연합을 이루고, 70년 포로 후 하나의 이스라엘로 회복시키셨습니다. 연합과 단결을 이루신 것입니다. 내부적으로 분열과 분쟁의 아픔을 겪고 있습니까? 그리스도를 머리로 하여 연합할 때 막강한 힘과 강한 생명력을 발휘하게 될 것입니다. 그리스도의 다스림을 받는 여러분이 되길 기도합니다.

적용하기

1. 죄로 인하여 마른 뼈들이 부딪히는 소리와 같이 삭막하던 당신이 생기를 얻어 소생하게 된 은혜를 나누어 보시오.

2. 인간관계의 단절, 국가간의 이념 갈등으로 회생의 가능성이 없어 낙망하는 자들에게 그리스도 안에서 어떠한 소망을 가질 수 있는지 나누어 보시오.

느낀 점 기록하기

제 21 과

곡에 대한 하나님의 승리

말씀 / 에스겔 38:1~39:29

요절 / "그러므로 인자야 너는 곡을 쳐서 예언하여 이르기를 주 여호와의 말씀에 로스와 메섹과 두발 왕 곡아 내가 너를 대적하여" (39:1)

● 들어가는 말

곡은 하나님의 구원의 역사를 방해하는 세상세력을 상징합니다. 사단은 하나님의 자녀들을 끊임없이 공격합니다. 하나님은 당신의 백성을 대적하는 자들을 어떻게 대처하시며 개입하시어 승리케 하는지 말해 줍니다. 최후까지 고난을 잘 견디어 승리하시길 바랍니다.

● 본문 살피기

1. 하나님께서 에스겔에게 곡으로 대변되는 이방 연합 세력에 대하여 무엇을 예언하라고 명하십니까(38:1~6)?

*마곡은 요세퍼스(Josephus)에 의하면 흑해의 북쪽이며, 아랄해 동편지역인 스구디아 땅으로 봄. 곡(로스)은 마곡 지방을 다스리는 왕이지만 연합군의 우두머리임. 메섹, 두발, 고멜, 도갈마는 북쪽나라들이고, 리비아(붓), 이란(페르시아), 이디오피아(구스)는 남쪽의 막강한 군대임. 하나님은 이 강대한 연합군들을 갈고리로 꿰어 끌어내신다 함.

2. 곡은 연합군의 대장으로 유다를 어떻게 침입한다고 말씀하십니까(7~9절)? 무방비 상태에 있는 유다를 침략하는 곡에게 스바와 드단과 다시스 사람들이 어떻게 말합니까(10~13절)?

*스바와 드단과 다시스 상인들은 모두 명성 있는 무역 국가였음. 그들도 평안히 거하는 이스라엘을 침공하는 악한 곡의 모습을 보고 놀라움을 표현함.

3. 하나님께서 곡으로 하나님의 백성을 침략하도록 하신 이유가 무엇입니까(14~16절)? 곡의 불의한 침입에 대하여 하나님께서 노를 발하사 심판하시는 장면을 말해 보시오(17~23절).

*하나님은 곡을 심판하시기 위해 자연의 재앙과 연합세력의 내란으로 자멸할 것을 예언함.

4. 하나님께서는 곡에 대한 심판을 어떻게 다시 반복하십니까(39:1~7)?

*하나님은 곡과 그 동맹군들을 이스라엘 산으로 이끄시어 다 엎드러지게 하여 새와 짐승의 밥이 되도록 하심.

5. 곡의 심판 후 무기가 소각되는 모습이 어떠하며(8~10절), 곡의 군인들을 매장하는 모습들을 말해 보시오(11~16절).

*병기를 불로 태우는데 7년이나 걸리며, 이 병기들을 나무대신 땔감으로 사용함. 그리고 그들을 매장하는데 무려 7개월이 걸림. 매장한 골짜기를 하몬곡(곡의 무리라는 뜻)이라 칭함.

6. 곡의 패망을 잔치에 비유합니다. 승리의 잔치가 어떠합니까(17~20절)?

*곡의 불의한 침략이 도리어 짐승과 새의 먹이가 되었음을 회화적으로 보여주심.

7. 열국의 심판과(21~24절) 이스라엘의 회복에 대하여 말해보시오(25~29절).

*열국이 하나님의 영광을 보고 정의를 깨달으며, 이스라엘도 죄를 깨닫고 긍휼을 덧입음.

● 요약 메시지

I. 하나님의 백성은 끊임없이 원수의 공격을 받습니다.

이스라엘 백성들이 평화롭고 한가하게 새로운 생활을 하며 안식을 누리고 있을 때 곡 연합군이 이스라엘을 침공합니다. 목적은 이스라엘을 정복함으로 근동의 패권을 잡으려는 탐욕의 발로 때문입니다. 연합군들은 '구름이 땅에 덮임같이' 무수한 군대를 이끌고 침공합니다. 이 말씀은 하나님의 백성도 어디를 가든지 어떤 처소에 머물든지 끊임없이 이방 원수들의 위협과 공격을 받게 된다는 것을 의미합니다. 하나님의 자녀라고 세상에서 아무 어려움 없이 만사형통하게 살 것이라는 생각은 잘못입니다. 오히려 불신자들보다도 더 많은 고통과 어려움에 처할 수도 있습니다. 이러할 때 하나님의 백성들은 대적을 피할 것이 아니라 적극적으로 싸워 물리쳐야합니다. 공중의 권세 잡은 사단의 세력은 하나님의 자녀들을 시험하고 괴롭히며 시련을 주지만 사단의 권세와 대적하여 준비하고 싸우면 승리하게 될 것입니다.

II. 택한 백성을 보호하고 승리하도록 인도하십니다.

곡 연합군의 침공 세력이 아무리 강하고 잔인해도 하나님께서 함께 하시는 백성들은 이길 수 없습니다. 하나님의 백성을 공격하는 것은 곧 하나님을 대적하는 것인데 하나님은 택한 백성을 지키시고 보호하기 때문입니다. 오히려 침략했다가 자신들이 망하게 됩니다. 곡 연합군도 처절한 패망과 전멸을 맛봅니다. 엄청난 지진(38:19), 자기 동료들을 칼로 죽임(21절), 천재지변의 발생(22절) 등 스스로 파멸에 이르게 되었습니다. 이스라엘은 아무것도 한 것이 없었습니다. 하나님이 자신의 거룩함과 영광을 드러내기 위해 대적 자들을 멸하신 것입니다. 전능하신 하나님께서 보호하시고 도우시면 어떠한 세상 권세도 당할 자가 없고 승리는 보장받습니다. 하나님을 의지할 때 하나님께서 긍휼을 베푸신다는 사실을 잊지 마십시오.

적용하기

1. 곡은 사단을 상징합니다. 사단은 하나님의 백성을 해치기 위하여 혈안이 되어 있습니다. 당신은 사단의 공격에 대항하기 위하여 어떠한 준비를 하고 있는지요? 아니면 무방비상태로 있지는 않은지요?

2. 곡 연합군의 무기는 불에 태워졌고 시체는 새와 짐승들의 먹이 감이 되었습니다. 하나님의 자녀들에게 어려움이 있어도 염려하고 두려워할 필요가 없는 이유를 말해 보시오.

느낀 점 기록하기

—

인자야 내가 너를
이스라엘 족속의 파숫군으로 세웠으니
너는 내 입의 말을 듣고
나를 대신하여
그들을 깨우치라
에스겔 3장 17절

—

part 5 영원한 성전

내게 이르시되 인자야 이는 내 보좌의 처소, 내 발을 두는 처소, 내가 이스라엘 족속 가운데 영원히 거할 곳이라 이스라엘 족속 곧 그들과 그 왕들이 음란히 행하며 그 죽은 왕들의 시체로 다시는 내 거룩한 이름을 더럽히지 아니하리라 (에스겔 43:7)

제 22 과

새 성전 1

말씀 / 에스겔 40:1~49

요절 / "그 사람이 내게 이르시되 인자야 내가 네게 보이는 그것을 눈으로 보고 귀로 들으며 네 마음으로 생각할지어다 내가 이것을 네게 보이려고 이리로 데리고 왔나니 너는 본 것을 다 이스라엘 족속에게 고할지어다 하더라" (4절)

● 들어가는 말

바벨론 포로생활 가운데 소망 없는 이스라엘에게 회복을 말씀하신 후 그 확실함을 더하기 위하여 새 성전의 환상을 보여 주십니다. 에스겔이 본 비전은 새 성전의 모형입니다. 우리에게도 장차 약속한 천년왕국을 꿈꾸는 시간이 되길 바랍니다.

● 본문 살피기

1. 하나님의 이상을 본 에스겔에게 주어진 의무가 무엇입니까(40:1~4)?

*에스겔이 소명을 받은 지(B.C.593) 약 20여년이 흐른 뒤(B.C.573년경) 바벨론에서 예루살렘으로 장소를 옮겨 환상을 보여 줌. 놋과 같이 빛난 사람이 에스겔을 인도함.

2. 새 성전에 대한 외형입니다. 성전 외부의 담과 동향한 문을 살펴보시오(5~16절)?

*담은 거룩한 것과 속된 것을 구별(42:20)함. 벽의 두께와 높이가 두꺼움. 동편에 있는 문은 층계가 있고, 좌우에는 3개의 문지기 방이 있어 성전에서 시중드는 자들이 사용.

3. 성전 바깥뜰은 어떠합니까(17~19절)?

*박석 깔린 땅이란 흙이 묻지 않게 돌을 깐 포도를 의미하며, 좌우엔 제사장이 거하거나 화목제를 준비하는 30개의 방이 있음.

4. 북문(20~23절)과 남문(24~27절)에 대하여 살펴보시오.

*동문과 치수가 비슷하고 7계단이 있음.

5. 성전 안 뜰 문간에 대하여 말해보시오(28~37절).

*28~32절은 성전 안뜰에 있는 남문에 대한 묘사이며, 이 문은 바깥뜰에 있는 동문, 북문, 남문과 크기가 동일함. 33~34절은 성전 안뜰의 동문에 대한 기록으로 현관의 길이는 남문과 같으며, 올라가는 계단 역시 남문과 같이 8개임.

6. 제사도구와 제사장들의 방에 대하여 설명해보시오(38~47절).

* 문 벽 곁에 문이 있는 방이 나오는데 이곳은 번제물 씻는 방임. 이곳에서 번제, 속죄제, 속건제를 잡음. 제사를 담당하는 제사장들도 남향한 방과 북향한 방을 사용함.

7. 성전 정면에 위치한 현관을 말해보시오(48~49절).

*에스겔을 데리고 전문 현관 즉 내부 성소에 이름. 이 문의 좌우 벽은 넓이가 대략 2m 25cm, 두께는 좌우가 1m 35cm, 현관의 너비는 20규빗, 길이는 11규빗, 올라가는 계단과 기둥이 좌우에 있음.

● 요약 메시지

I. 새 성전에 대한 환상을 주십니다.

이스라엘의 징계와 회복의 말씀을 주로 취급하던 분위기가 새 성전의 환상으로 바뀌었습니다. 장차 이스라엘이 가나안 땅으로 귀환하여 하나님과의 관계를 회복하고 새 성전이 건축되어 하나님 중심의 삶을 살아갈 것을 묘사한 것입니다. 문자적으로 성전을 해석하다보면 어려움에 처하게 됩니다. 왜냐하면 솔로몬 성전의 상세도와 구체적인 치수가 맞지 않고, 스룹바벨의 포로 이후의 성전과도 상세한 부분에서 차이가 나며, 유대인의 환심을 사기 위해 화려하게 확장 공사를 한 헤롯 성전과도 차이가 나기 때문입니다. 에스겔이 목격한 성전은 장차 나타날 새 성전의 찬란한 모습과 참 예배의 신령한 모습을 시사해 줌으로 고난 받는 백성들에게 무한한 소망을 제시합니다.

II. 예수님께서 성전의 기능을 이루셨습니다.

에스겔 선지자가 환상을 통해 본 새 성전은 외형입니다. 성전구조는 성전 바깥뜰로 들어가는 세 개의 출입문, 안 뜰의 세 문들, 주변 부속건물들입니다. 이 환상은 이스라엘 백성들이 본토로 귀환하여 파괴된 예루살렘 성전을 재건할 것을 의미합니다. 사면 담은 부정한 자가 하나님 앞에 나아갈 수 없음을 상징한 것이요, 동일한 구조를 가진 출입문들은 어느 곳에서나 쉽게 성전에 출입하기 위한 배려요, 제사와 관련한 부속기구들은 하나님께 나아가는 자에게 요구되는 희생 제사를 의미합니다. 이것은 우리가 어떠한 자세로 예배를 드려야 하는가를 말해 줍니다. 신약의 예수님은 친히 제사장과 제물이 되어 성전의 기능을 이루셨습니다. 이제 아무 때나 어디서든지 하나님과 교제를 누릴 수 있습니다. 우리는 얼마나 큰 은총을 받은 자들인지요? 당신은 성전 되신 예수님 안에서 이러한 복을 누리고 계십니까?

적용하기

1. 에스겔 선지자는 현실과 초현실의 세계를 넘나들며 새 성전의 비전을 경험합니다. 당신의 비전은 무엇인지 나누어 보시오.

2. 우리는 예수 그리스도의 구속의 은혜로 어느 곳에서나 예배하며 봉사할 수 있게 되었습니다. 당신은 예배에 임할 때 어떠한 자세로 임하고 있는지 나누어 보시오(요 4:24).

느낀 점 기록하기

● 성전 평면도

※ 1척(규빗) = 53.2cm(왕실 규빗)

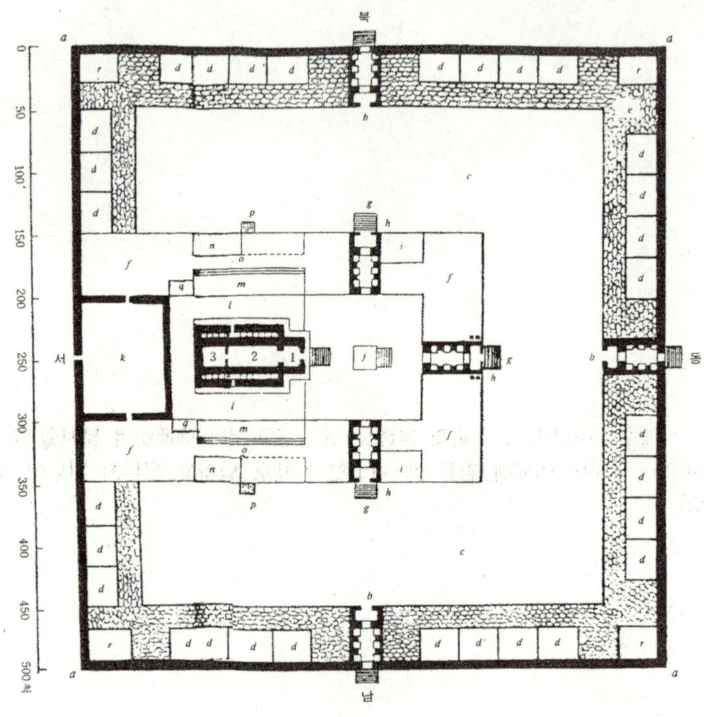

성전 평면도

1. 현관(40:48-49)
2. 성소(41:1-2)
3. 지성소(41:4)
a. 성전 바깥 벽(40:5)
b. 성전 바깥 문(40:6,20)
c. 성전 바깥 뜰(40:17)
d. 여러 방들(40:17)
e. 박석 깔린 땅(40:17)
f. 성전 안뜰(40:28)
g. 성전 안 문(40:28,32)
h. 안 문 계단(40:31,34)
i. 안 문 곁방(40:44)
j. 번제단(40:47)
k. 서편 뜰 뒷건물(41:12)
l. 구별된 장소
m. 거룩한 방들(42:1,13)
n. 거룩한 방들(42:1,13)
o. 방 사이의 통로(42:4,11)
p. 통행구(42:9)
q. 제사장들의 부엌(46:19)
r. 백성들의 부엌(46:21-24)

제 23 과

새 성전 II

말씀 / 에스겔 41:1~42:20
요절 / "그가 이와 같이 그 사방을 척량하니 그 사방 담 안 마당의 장과 광이 오백 척씩이라 그 담은 거룩한 것과 속된 것을 구별하는 것이더라" (42:20)

● 들어가는 말

새롭게 회복될 하나님의 임재 처소인 성전에 대한 아름다운 비전을 본과에서도 제시합니다. 각각의 건물들이 나름대로의 어떠한 역할을 하는지 살펴봄으로 우리에게 주시는 교훈을 배울 수 있길 바랍니다.

● 본문 살피기

1. 성전 내부에 대한 구조가 어떠합니까(41:1~4)?
*현관이 끝나는 데서부터 성소가 시작함. 성소의 뒤편에는 지성소가 있음. 이런 성전구조는 이미 솔로몬 성전에서 이루어진 것임(왕상 6:20).

2. 동문을 제외한 성전 삼면에는 어떠한 방들이 있었으며, 그 용도는 무엇이었을까요(5~11절)?
*골방들이 모두 30개씩 3층으로 되어 있음. 용도는 제사장이 사용하기도 하고, 기도처로 쓰이기도 하고, 성전 기물을 보관하는 곳으로 사용함.

3. 성소의 서쪽 뜰 뒤에 건물은 어떠하며(12절), 주위 장소 등의 치수를 말해 보시오(13~15절).

*성전 본체 뒤편 건물의 용도는 분명치 않으나 쓰레기장으로 추정됨. 크기는 52.5m 정방형임.

4. 성전은 현관(낭실), 내전(지성소), 외전(성소)으로 구성되어 있습니다. 성전 안의 장식물들에 대하여 말해 보시오(16~26절).

*성전 벽을 가린 널판에 종려나무와 그룹들이 새겨짐. 종려나무는 의와 승리를 상징함.

5. 제사장들을 위한 북쪽(1~9절), 남쪽(10~12절) 골방들에 대하여 말해보시오(42:1~12)

*성전과 바깥뜰 사이에 두 줄의 방들이 있고, 그 방들 사이에 통로가 있고, 길이와 폭도 같고, 출입구와 문도 같으며, 바깥뜰에서 들어가는 출입문도 동쪽으로 나 있음.

6. 북쪽과 남쪽에 있는 거룩한 방들의 사용 목적이 어떠합니까(13~14절)?

*제사장들이 드린 지성물을 먹으며, 지성물 곧 소제, 속죄제, 속건제의 제물을 보관하고, 제사장들이 성소에 들어갔다가 바깥뜰에 갈 때 옷을 갈아입는 곳이며, 기도로 준비하는 곳임.

7. 성전 전체의 규모를 말해 보시오(15~20절).

*성전은 장이 500규빗, 광이 500규빗으로 정방형이어서 안정성과 견고성을 말해 줌.

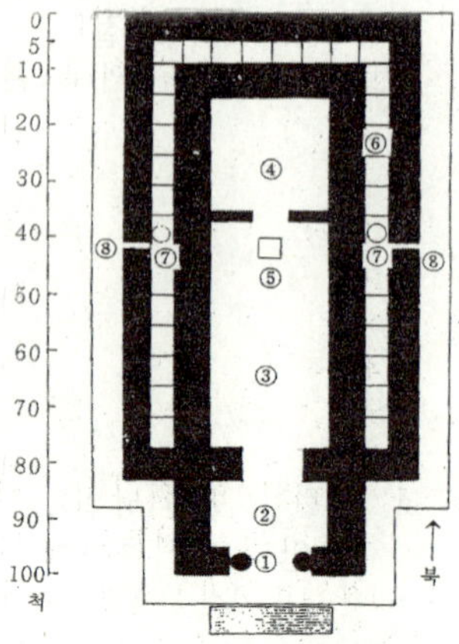

성전 본관의 평면도
①기둥 ②현관 ③성소 ④지성소 ⑤나무제단 ⑥골방들 ⑦골방 출입구 ⑧지대

● 요약 메시지

I. 새 성전의 구조

성전의 본관이라 할 수 있는 성소는 세 부분으로 구성되어 있습니다. 현관, 성소 그리고 지성소입니다. 8개의 계단을 올라서면 양편에 두 기둥이 나타납니다(40:49). 이 두 기둥을 지나면 현관이 있고 현관이 끝나는 데서부터 성소가 시작됩니다. 그리고 성소의 뒤편에는 지성소가 있습니다. 이런 성전 구조는 이미 솔로몬 성전에서 이루어진 것입니다. 성전은 바닥에서 천장까지 널판으로 되어있고 그 널판은 두 그룹의 종려나무와 사람 얼굴 형상을 하고 있는 한 그룹과 사자의 형상을 하고 있는 한 그룹으로 내부의 벽이 이루어져 있었습니다. 지성소 바로 앞에는 나무 제단이 있습니다. 에스겔은 조국의 멸망으로 바벨론에 거하지만 원래 제사장이어서 성전의 모형과 건축 재료를 쉽게 정확하게 분별할 수 있었습니다. 이러한 세세한 묘사는 이스라엘 백성에게 예루살렘 성전 재건이 분명히 성취될 것을 확신케 합니다.

II. 성전에 소속된 부속 건물

성전 주위의 방들에 대한 자세한 소개가 나와 있습니다. 제사장들을 위한 작은 방들의 위치와 구조 및 그 사용 목적은 의미가 있습니다. 성전의 삼면으로 성전 본관 벽으로 골방들이 모두 30개씩 삼층으로 되어 있습니다. 제사장들은 이곳에서 제의를 갈아입거나 예물을 보관하거나 먹고, 때로는 휴식을 취하며 말씀을 묵상하며 기도처로 사용하였습니다. 때로는 성전에서 머물면서 봉사하는 이들에게 제공되기도 하였습니다. 이것은 성전에서 봉사하는 일을 더욱 잘 하도록 주어진 배려라고 할 수 있습니다. 성전에서 봉사하는 자들은 하나님을 경배하고 찬양하는 일을 하지만 이에 못지않게 거룩함을 지키고 정결함을 훼손하지 않음이 중요한 사명입니다. 성전의 담은 세속의 부정한 것들과 오염으로부터 지키는 역할을 합니다. 세상으로부터 자신을 지키는 것이 하나님께 기쁨이 된다는 사실을 명심해야겠습니다.

적용하기

1. 성소와 지성소 벽 삼면에 둘러 있는 90개의 골방 용도를 생각해볼 때 당신에게 주는 영적 교훈이 무엇인지 나누어 보시오.

2. 성전의 외곽 한 면이 500규빗이나 되는 정사각형 건축물이 성전이었습니다. 사방 담 높이는 3m정도입니다. 성전이 아무리 견고하고, 안전해도 모두 무너진 것을 보면서 우리가 중시해야할 바가 무엇인지 생각해 보시오.

느낀 점 기록하기

제 24 과

새 예배

말씀 / 에스겔 43:1~44:31
요절 / "이스라엘 하나님의 영광이 동편에서부터 오는데 하나님의 음성이 많은 물소리 같고 땅은 그 영광으로 인하여 빛나니"(43:2)

● 들어가는 말

오랜 포로생활에서 돌아온 이스라엘 백성들에게 구체적으로 어떻게 신앙생활을 해야 하는지 말씀해 주십니다. 하나님께서 원하시는 예배는 어떠해야 하는지 살펴봅시다. 그리하여 더 이상 과거의 비극을 반복하지 않고 하나님의 영광을 드러낼 수 있기를 바랍니다.

● 본문 살피기

1. 하나님의 영광이 성전으로 돌아오는 벅찬 장면을 말해 보시오(43:1~5).

*성전이 우상과 형식적인 예배로 더럽혀지자 주의 영광은 성전을 떠나심(10:18~19). 그러나 다시 그발 강가에서 보았던 동일한 하나님의 영광이 동편에서부터 새 성전으로 임하심은 이스라엘 백성의 회복을 의미함. 때가 되매 하나님은 당신의 백성을 징계하시고 긍휼을 베푸심.

2. 환상 가운데 새 성전에서 에스겔에게 임한 하나님의 말씀은 무엇입니까(6~12절)?

*하나님께서는 재건한 새 성전에 영원히 거하시겠다는 것과 성전의 법을 선포하셨는데 그것은 하나님의 백성들에게 거룩함을 요함. 불의는 하나님의 영광을 떠나도록 하기 때문.

3. 번제단의 크기와 모양에 대하여 말해 보시오(13~17절).

*번제단에 대하여 세밀하게 묘사한 이유는 성전의 기능 중에서 번제단을 통한 속죄의 기능이 두드러졌기 때문. 신약 교회의 중심됨과 그리스도의 희생 사역을 의미함.

4. 제단을 정결하게 하는 규례를 행하는 사람은 누구이며, 예물은 어떠합니까(19절)? 팔 일 동안의 성결의식을 말해 보시오(20~27절).

*사독은 모세의 형 아론의 자손으로 솔로몬 왕 때 대제사장이 됨. 아론의 다른 자손은 하나님 앞에 범죄하여 대제사장은 사독의 자손으로 이어짐(왕상1:7~8) 제단 봉헌제사에 소금이 사용됨은 소금이 부패를 방지하는 것처럼 변치 않고 하나님 앞에서 규례를 지키라는 뜻임(민18:19, 대하13:5).

5. 하나님의 영광이 들어왔던 동쪽 문을 폐쇄하라는 이유가 무엇입니까(44:1~3)?

*인간들의 출입으로 인하여 더럽히지 않기 위함. 성전의 부정함을 피하고 거룩함을 원하심.

6. 성전에 대한 백성들의 잘못이 무엇이며(6~9절), 레위인들도 직분이 격하된 이유가 무엇 때문이라고 말씀하십니까(10~14절)?

*할례 받지 못한 이방인을 성소로 데려온 것과 직분을 대신하게 한 것 때문. 또한 레위인들은 죄악으로 인해 제사장직을 박탈당하고 성전 문단속, 희생제물 잡는 것, 제사 드리는 백성 돕는 일을 함. 이러한 일을 다시 허락받은 것만으로도 하나님의 긍휼을 덧입은 것임.

7. 유독 사독 계열의 제사장들이 인정받게 된 이유는 무엇이며(15~27절), 그들의 기업은 무엇입니까(28~31절)?

*직무에 성실하고 온전한 신앙을 지켰기 때문. 그들의 기업은 하나님 자신이므로 오직 하나님만을 의지하며 헌신 봉사해야 함.

● 요약 메시지

I. 참된 성전은 하나님의 임재하심에 있습니다.

성전의 가치는 하나님의 임재하심에 있습니다. 하나님은 19년 전 그발 강가에서 유다 백성들의 죄악 때문에 분노하셔서 예루살렘 성전을 떠나셨습니다. 회개를 거부하는 유다 백성들의 예배를 받으실 수가 없으셨기 때문입니다. 그렇지만 유다 백성들은 여전히 성전에서 허탄한 제사를 드렸고 결코 무너질 것 같지 않았던 예루살렘 성전은 바벨론에 의해 파괴되고 말았습니다. 하나님은 그래도 범죄한 이스라엘을 버리지 않으시고 징계하신 후 다시 새 성전의 회복을 약속해 주십니다. 떠나셨던 그 동편 문으로 하나님께서 영광스럽게 임함도 보여 주십니다. 영광 중에 임하시는 그 하나님은 과거 성전을 떠나셨던 모습과 동일합니다. 그 하나님이 성전에 좌정하시자 성전 전체는 하나님의 영광으로 가득 찼습니다. 하나님의 임재가 없는 예배는 형식적이고 무의미한 것일 뿐입니다.

II. 성전의 중심은 십자가 보혈에 있습니다.

여기서는 성전의 많은 요소 중에서 특히 번제단과 제사장에 대하여 자세한 묘사를 하고 있습니다. 번제단은 백성들의 죄를 해결하는 유일한 장소입니다. 번제단에서 먼저 성결의식이 이루어질 때 제사가 하나님 앞에 상달될 수 있기 때문입니다. 하나님과 그의 백성들의 진정한 교제는 죄 문제를 해결해야만 가능합니다. 또한 제사장의 구별된 삶이 하나님의 거룩함을 드러나게 합니다. 직분 봉사자로서 합당하지 못한 삶은 패망을 가져옵니다. 오늘날 하나님 앞에서 올바르고 참된 예배를 드리기 위해서는 반드시 번제단에서 제사를 드리는 것처럼 그리스도의 보혈의 공로를 덧입고 나아가야합니다. 우리의 예배에는 죄고백과 죄 사함의 신앙이 필수적입니다. 당신의 예배는 어떠한지 생각해 보십시오.

적용하기

1. 하나님께서 예루살렘 성전을 떠나가신 이유는 백성이 범죄하고 회개하지 않았기 때문입니다. 하나님은 형식적인 예배를 받지 않으십니다. 당신이 드리는 예배는 어떻다고 생각하십니까?

2. 제사장들에게 주어진 자격과 임무에 대하여 많은 부분 할애하는 것을 보면서 지도자의 자세가 얼마나 중요한지 생각하게 됩니다. 오늘날 우리 사회나 교회의 현실을 바라보며 교훈으로 삼아야할 점이 무엇인지 나누어 보시오.

느낀 점 기록하기

제 25 과

예배의 모범

말씀 / 에스겔 45:1~46:24

요절 / "너희는 제비를 뽑아 땅을 나누어 기업을 삼을 때에 한 구역을 거룩한 땅으로 삼아 여호와께 예물로 드릴찌니 그 장은 이만 오천척이요 광은 일만 척이라 그 구역 안 전부가 거룩하리라"(45:1)

● 들어가는 말

하나님의 모든 백성은 예배가 삶의 중심역할을 합니다. 예배는 그리스도 중심적일 뿐만 아니라 하나님 중심적인 초점을 가져야합니다. 예배를 기쁘시게 받으시는 하나님 앞에서 예배의 진정한 모범을 생각해 봅시다.

● 본문 살피기

1. 제사장(3~4절), 레위(5절), 백성(6절), 왕(7~8절)의 기업에 대하여 말해 보시오(45:1~8).

*성전을 중심으로 일정한 구역을 제시함. 성전구역 전체는 지극히 거룩한 곳이고(3절), 성소와 근접한 주변 지역은 제사장을 위해, 그 북편으로 평행한 땅은 레위인을 위해, 남쪽은 성읍을 위해, 나머지 외곽지역은 백성들을 보호하도록 왕을 위한 기업으로 할당함.

2. 이스라엘 지도자들에게 지시해 주신 공의로운 법규에 대해서 말해 보시오(9~12절).

*왕은 백성들의 제물과 예물을 모으는데 무게와 측량이 정확히 사용되도록 함. 공평한 저울은 무게를, 에바는 고체를, 밧은 액체 부피를 측정하는 도구임. 에바와 밧은 동일한 양임. 호멜은 에바의 10배를 가진 부피 측정기구임. 돈의 단위로 1세겔은 이십 게라이며, 60세겔이 1마네에 해당함.

3. 하나님께 드릴 예물의 분량을 말해 보시오(13~17절).

*곡물은 수입의 1/60을 바치고, 기름은 1/100을 바치며, 양은 200마리 중에서 한 마리를 바침. 백성들은 예물을 왕에게 드렸는데 이것은 우리의 예물을 대신한 그리스도를 예표함.

4. 정월 초하루와 유월절, 장막절에 드리는 속죄제의 목적이 무엇입니까(18~25절)?

*성소를 정결케 하고 부지중 범죄한 자로 용서 받도록 하기 위함. 공통점은 속죄제를 드린 점. 힌(24절)은 액체를 측량하는 단위임. 1힌은 약 4리터에 해당함.

5. 안식일과 월삭(46:1~3), 안식일에 드리는 예물(4~5절), 월삭에 드리는 예물(6~7절), 왕의 역할(8~10절), 절기와 성회에 드리는 제물(11~12절), 항상 드리는 영원한 규례(13~15절) 살펴보시오.

*왕과 백성들이 지켜야할 각종 제사 규례임. 이렇게 절기와 제사에 관한 규례를 지시하고 가르침은 올바른 제사와 올바른 예배가 정성껏 드려지도록 하기 위함.

6. 왕이 자기 기업을 처리함에 대하여 말해 보시오(16~18절).

*왕이라 할지라도 하나님께서 특별히 성별하신 땅은 희년까지 축소 또는 확장할 수 없었음.

*왕이 권세를 이용하여 백성의 기업을 빼앗거나 압제하지 못하도록 하는 간접 규제 조항임.

7. 희생제물을 삶는 제도를 말해 보시오(19~24절).

*성전에는 희생제물을 삶는 부엌이 제사장과 백성들이 요리하도록 따로 마련되어 있었음. 이유는 백성들이 희생제물을 만짐으로 부정하게 되거나 교만하게 되는 것을 방지하기 위함.

● 요약 메시지

I. 성전 중심적인 신앙생활을 해야 합니다.

하나님은 에스겔에게 제일 먼저 성전이 들어갈 장소와 크기를 말씀하십니다. 또한 이스라엘이 차지할 땅의 가장 중심부에 성전 부지를 마련하도록 하십니다(45:1절). 이유는 어디에 있든지 누구든지 손쉽게 성전을 찾고, 가르침을 받도록 하기 위함이었습니다. 모든 백성들이 성전을 중심으로 생각하고 행동함은 모든 생활에서 하나님 제일주의 신앙으로 하나님께서 성도들에게 원하시는 바입니다. 또한 공의를 세우기에 남다른 열의를 보여야합니다. 겉으로 보기엔 평등과 자유와 기회 균등이 보장된 것 같아도 금권과 권력에 의해 인권이 유린되고 정의가 왜곡되는 경우가 많기 때문입니다. 하나님은 공정한 재판이 시행되고, 공정한 상거래가 정착하도록 하십니다. 저울추와 여러 도량형들을 정직하게 사용하도록 지시합니다(45:10). 하나님의 백성들이 공의를 좇아 정직하고 성실한 삶을 살아가는 것은 기본자세입니다. 당신의 자세를 돌이켜 보십시오.

II. 힘대로 정성껏 드려야 합니다.

하나님은 안식일과 월삭에 드릴 제물에 대하여 가르치십니다. 이 절기 예물은 왕이 직접 드려야 했습니다. 그리고 백성들은 왕이 절기에 예물을 드릴 수 있도록 충분하게 세금을 내야 했습니다. 따라서 왕이 드리는 절기의 예물은 이스라엘 백성 전체를 대표하는 것입니다. 이때에 제물을 드리는 기준은 힘대로 드리는 것이었습니다. 안식일이나 월삭의 법대로 정해진 규례로 드리지만 함께 드리는 소제물의 어린 양은 힘이 미치는 대로 드리라고 합니다. 이는 하나님 앞에서 제물을 드릴 때 너무 인색하게 하지 말 것을 의미합니다. 정해진 법규를 지키는 것은 가장 기본적으로 당연한 것이지만 그 이상 풍성하게 드릴 것을 말씀합니다. 은혜에 감사하여 힘대로 충분히 드릴 때 하나님은 기뻐하십니다. 그러나 그렇지 못할 경우는 최소한을 드려도 됩니다. 중요한 것은 하나님께 힘껏 드리려는 정성입니다.

적용하기

1. 예루살렘의 새 성전은 이스라엘의 땅 한 가운데 위치합니다. 그 이유는 무엇이었을까요? 이러한 점을 통하여 당신은 어떠한 교훈을 얻습니까?

2. 하나님은 형식에 얽매인 것보다는 힘을 다하여 마음으로 드리는 제사를 기뻐 받으십니다. 당신이 드리는 예배에서 시정해야할 점은 없습니까?

느낀 점 기록하기

제 26 과

생명수가 흐르는 땅

말씀 / 에스겔 47:1~48:35

요절 / "강 좌우 가에는 각종 먹을 실과나무가 자라서 그 잎이 시들지 아니하며 실과가 끊치지 아니하고 달마다 새 실과를 맺으리니 그 물이 성소로 말미암아 나옴이라 그 실과는 먹을 만하고 그 잎사귀는 약 재료가 되리라"(47:12)

● 들어가는 말

하나님은 믿는 자에게 새 예루살렘을 약속하였습니다. 포로생활을 하며 소망이 없던 이스라엘에게도 성전을 통해서 온 세상이 생명을 얻게 되며, 땅을 분배받게 되며, 구원의 완성을 이루며, 하나님의 성전에 거하게 된다는 비전으로 에스겔서는 끝을 맺습니다. 우리가 소망해야할 약속을 꿈꿀 수 있길 바랍니다.

● 본문 살피기

1. 성전에서 흐르는 생명수에 대한 환상을 말해 보시오(47:1~7).

*새 성전 안 정문으로 천사가 에스겔을 데리고 감. 문지방에서 흘러내린 물이 밖으로 나와 동편 오른쪽으로 스며 나옴. 물 근원은 성전 안이며 조금씩 흘러나온 물이 엄청난 강이 됨.

2. 성전의 물에 대한 환상의 해석을 말해보시오(8~12절).

*물은 요단→ 아라바→사해에 이르러 소성함을 주고, 생물들이 살고, 늪(진펄)과 습지(개펄)는 소금 땅이 됨. 강 좌우에는 각종 실과가 있음. 즉 말씀을 통해 새 생명누릴 것을 상징함.

3. 이스라엘 땅의 새로운 경계를 말해 보시오(13~21절). 이스라엘에 거하는 이방인들을 어떻게 대하라고 말씀합니까(22~23절)?

*북방은 다메섹 근처까지(15~17절), 동방은 요단강 지역, 남방은 사해 남쪽에서 신 광야, 서쪽 경계는 지중해. 이스라엘 공동체에 속한 이방인들에게도 땅 분배를 허락함. 복음의 문이 이방인에게도 열렸음을 의미함.

4. 이스라엘의 새 땅, 북부 지역의 7지파 땅을 말해 보시오(48:1~7).

*에스겔 선지자의 예언은 실제적으로 바벨론에서 돌아와 정착한 역사와 차이를 보임. 이유는 역시 영적 기업으로 장차 성도들이 참여하게 될 영원한 기업에 관한 것이기 때문.

5. 중심부에 위치한 땅, 성전과 제사장(8~11절), 레위인(12~14절), 성읍(15~20절), 왕(21~22절)이 차지할 땅의 분깃을 말해보시오.

*이 거룩한 땅은 이스라엘 종교와 정치 문화가 중심을 이루는 곳임. 왕의 땅이 정방형으로 된 레위인, 제사장, 성읍 기지를 좌우에서 감싸는 위치였음.

6. 나머지 5지파의 땅, 남부 지역을 말해보시오(23~29절).

*베냐민, 시므온, 잇사갈, 스불론, 갓지파가 정착함.

7. 새로운 도시의 출입구는 어떠합니까(30~35절)?
*사방으로 각기 세 개씩 있는 성읍의 문들이 있어 이들 문에는 12지파의 이름이 새겨져 있음. 이 문들은 하나님께 예배할 때 사용함. 기업 분배에서 레위 족속이 빠져 있으나 여기에서는 포함되었고, 요셉 족속이 두 몫을 받았으나 한 지파로 통합됨. 그리고 여호와께서 여기 계신다는 의미를 '여호와 삼마'라 칭함.

● 요약 메시지

I. 하나님만이 생명의 근원입니다.

바벨론 포로로 희망이 전혀 없던 이스라엘에게 한 번 택한 자는 끝까지 돌보시는 분임을 성전의 물의 환상을 통하여 말씀해 주십니다. 성전 현관 입구의 문지방에서 흘러나온 물이 요단 계곡과 사해로 향하고 이 물이 계속 아라바 광야로, 사해로 흘러 아름다운 강물을 이루고 메마른 광야를 옥토가 되게 하여 아름다운 실과와 약초들을 자라나게 하고 생물까지 살립니다. 이것은 장차 이스라엘이 회복되어 구원의 은총을 입고 하나님 안에서 얼마나 풍성한 복을 누릴 것인가를 말씀합니다. 요한계시록의 '어린양의 보좌'를 생명강의 근원으로 밝히는 점과 유사합니다(계 22:1절). 예수 안에 있는 자는 누구나 성령으로 생수의 강이 흘러나와 상처를 치유 받을 뿐만 아니라 축복을 누리며 풍성한 삶을 살게 됩니다. 당신도 예수 안에서 이러한 풍성한 생명을 누리시길 바랍니다.

II. 약속의 땅을 상속받습니다.

또 하나의 비전은 이스라엘이 약속한 땅을 차지한다는 것입니다. 땅을 약속한 것은 최초로 믿음의 조상 아브라함에게 했고, 그의 후손 이삭과 야곱에 이어 여호수아를 통하여 이 약속이 성취되었습니다. 이 땅은 하나님의 은혜로 인한 기업이었습니다. 하나님은 땅이란 기업을 통하여 신앙을 훈련하셨고, 땅의 회복과 상실은 이스라엘 역사의 멸망과 부흥을 보여주는 시금석이었습니다. 이스라엘은 바벨론에 의하여 땅을 잃었습니다. 그러나 하나님은 징계 후 회복시키셔서 북부로부터 중부, 남부의 땅을 열두지파에게 상세히 분배할 것을 말씀하십니다. 이것은 곧 이스라엘의 공동체의 회복을 의미합니다. '하나님은 이 일을 이루시고 영원히 함께 하신다'는 의미로 '여호와 삼마'라 일컫습니다. 지금도 하나님은 믿는 자와 성령으로 함께 하십니다. 장차 당신을 죄와 고통이 없는 곳으로 인도하시고 모든 눈물을 닦아 주실 것입니다.

적용하기

1. 성전에서 나온 물은 큰 강을 이루고 주변에 아름드리나무와 실과들을 주렁주렁 맺혔습니다. 당신은 하나님의 은혜를 입은 자로서 얼마나 크고 아름다운 열매를 보여주고 있습니까?

2. 당신은 에스겔서를 마치면서 얻은 교훈과 실천해야할 점이 무엇이라고 생각하십니까? '여호와 삼마'라 말할 수 있습니까?

느낀 점 기록하기

● 땅의 분배

단(빌하)
아셀(실바)
납달리(빌하)
므낫세(라헬)
에브라임(라헬)
르우벤(레아)
유다(레아)

베냐민(라헬)
시므온(레아)
잇사갈(레아)
스불론(레아)
갓(실바)